「母と息子」の日本論

品田知美

亜紀書房

「母と息子」の日本論　もくじ

まえがき

もしあなたが女性で息子がいたなら、まずは自分を愛してください。それさえできれば、息子のことはきっと愛せます。自分のことが嫌いなのにいくら息子を愛しているふりを続けても、どこかで間違います。母親なんだから我慢できるだろうという周囲の声に耳を傾ける必要などありません。内なる声に耳を傾けて、自分をかわいがってあげてください。でも、自分を愛せているからといって、あなたの息子を溺愛しないでください。溺愛された息子はあなたのもとを去ることができません。息子はあなたから離れてしまったら生存できないという恐怖を抱き、あなたを失ったら自分の足で立つことができないと思わされてしまうからです。

もしあなたが男性なら、あなたには必ず母親がいます。母親から愛しているふりをされても、騙されてはいけません。彼女が自分のことを愛せていないなら、それはあなたへの愛ではなく自分を愛してほしいという叫びなのです。その叫びにあなたがつきあう必要などありません。本当に愛してくれる母親は、あなたのためだ、などと言って縛りつけようとはしないでしょう。自由にふるまう姿を楽しみ、尊重してくれるはずです。あるいは、あなたが母親から見捨てられたと感じているのなら、後ろを振り返る必要などありません。母親はあなたを人間としてこの世に送り出してくれました。母親に代わって育ててくれる人や仕組みがそなわっているのが人間社会です。母親代わりになってくれる人がいなくても、みな少しずつ愛をくれるはずです。一人の人から愛を満たそうとしてはいけません。誰も母の代わりをすることはできないからです。

この本を読み終わったなら、私がこう語る理由がわかるでしょう。

母と息子の、ときに甘美で重苦しい関係が、日本社会の骨組みをかたち作っていると私は考えています。この関係が続く限り、女性嫌いと女性恐怖が蔓延し社会を覆うのだと気がつきました。そう、まるでウィルスのように。現代社会、この日本で、とりわけ女性への差別、そして弱い人々への差別が広く深く起きているのはなぜか、本書で解き明かしたいと思います。ひとたびこの重たい母と息子の関係が当たり前ではないということに気づいてしまえば、そこから降りることもできるはず。そうすれば、もう少し多くの人が幸せを感じられ、人に優しい社会に変わることができるでしょう。悲惨な犯罪のいくばくかは起きなくてすむかもしれません。

私はこの日本がもっと居心地の良い場所であってほしいと願います。自分と親族とお友だちだけがいい目をみればよいのだからと、社会が変化することに抵抗する人たちには抗《あらが》いたいと思います。いえ、もう抗う必要などなくなりつつあるのかもしれません。母と息子の重苦しい関係がつくり出すこの社会は小さくなり、世界から消えてしまいそうなのですから。

母親との関係が重たいと娘たちが声をあげたので、母と娘がむずかしい関係であることは知られてきました。でも、母と息子の関係については語り手の姿は見えません。心のなかで母親に毒づいている息子たちは沈黙を続け、〝立派な〟息子たちが母親に感謝する姿だけが目につきます。ひどい目にあった多くの優しい息子たちは、沈黙を続けています。

完璧には程遠い一人の母親にすぎない私ですが、自己反省を込めつつも、母と息子の関係から日本という社会について切り込みたいと考えたのは、多くの人間を幸福にしないこの日本のシステムが礎石から変わってほしいと思ったからです。

人はある時代／ある地域に生まれた刻印を背負って人生を歩みます。人が社会とともに生きているとき、個人の努力で何かが変わるとは思えないかもしれません。それでもこの閉塞感ただよう社会の無限ループから抜け出すきっかけは、やはり一人の個人がつくるものだと私は信じています。

すべての息子たち、つまり次世代の男性たちには母親がいます。日本という社会を席巻する重苦しい母親像に、産む女性も産まない女性も縛られるのはもうやめましょう。その一歩を踏み出すための手がかりをこの本で見つけてほしいのです。

関係を変えようと実践する日本人が増えたとき、根深い差別は減り、社会はもう少し軽やかで多くの人にとって居心地のよいものとなるでしょう。そして日本社会は、西洋近代という重力にさらされながらも、たおやかな島国に姿を変えて生き延びているに違いありません。

第1章

母親業はやめられない

過酷で甘美な母というお仕事

母親業というものは、終わらないものなのでしょうか。私は一度ならず二度までも母親業を経験（息子と娘）したあと、子どもが成人して独立したので、廃業をしたと信じていた社会学者です。しかし、周りはどうやらそうでもないらしいと気づかされました。日本の母親たるもの、いつまでもその業《ごう》から降りることなんてありえないらしいのです。

ああ、なんたる過酷で、かつ甘美な業なのでしょうか、母親業というやつは。まるで幼い子どもがいたときと同じように、二〇歳をすぎた子どもの様子をわがこととして語る女性たちを前にして考え込んでしまいました。私もかつてその輪のなかにいて、さほど違和感を持たずにいたことも確かです。人生のひととき子育てに頭を悩ませ、文字通り忙殺された時期はあったものの、私にとって子育てはすぎさった嵐のようなものです。

どうしてこれほど違ってしまうのでしょう。どんな職についているのか、大学を出ているか、どこで育ったかとかに関係なく、女性たちは自分のみならず他人の息子も心配し、世話を焼こうとし、気にかかってしょうがないようなのです。私の息子が遠くで一人暮らしをしているのを聞いたりすると、まるで自分の息子のように心配してくれます。娘に対してはそんな心配を見せることはないのに。

日本社会を成り立たせている根源的なるものの一つに、「母と息子」の関係性があるとするならば、なぜそうなっているのかを考える意味があるでしょう。

母と子は一心同体

かつて子育て法の変遷について本を書いたことがあります（＊１）。

簡単にまとめると、日本の風習としての子育て法では、子どもの欲求に母親が寄り添い続けるのが当然だとされているので、母親が歯止めなく子どもにかかわって疲弊してしまいます。少し前の育児法では、母親が子どもの欲求に付き合いすぎる必要はないとされていたために、結果的に母親は少し守られていたところがありましたが、その歯止めが消えていったのです。

保育分野の専門家にも懸念を共有してくれた方々がいましたし、悩める母親たちからの反響もありました。二〇〇四年に本を出版した後に、出演したＴＶ番組の視聴者から届いた印象的なメールがあります。

「息子の子育てで悩んでいる時に番組を見て、救われた。最後は自然と涙がでてしまうほど」

というものでした。真面目な母親ほど、現代の子育て法を教科書通りに実行しようとします。そうすると、子どもが泣くからとずっと抱きっぱなしで腱鞘炎になったり、子どもが望むからと長期にわたり母乳を飲ませ続けないといけないと思い込んでしまったり、夜泣きにつきあって睡眠不足でイライラしたりして疲弊しているという現状があるのです。

あらためて追いつめられて頑張っている母親は本当に多いのだと気づかされました。番組のなかで、私はさほど特別な話をした記憶がなかったのですが、メールには、

「子どもが恥ずかしいことをしても手をださずに耐えるのが親のつとめという言葉に助けられた」

と書かれていました。確かに日頃から周囲にもそう語っていたように思います。いえ、自らに言い聞かせてきた言葉であったのかもしれません。

母親とは違う個人である限り、してほしくないことをするのが子どもというものです。母親業とは恥ずかしさを飲み込み続ける修行の連続なのでした。

息子がピカピカの小学校一年生になって初めての授業参観。彼はGジャンを着たまま授業を受けていました。積極的に手をあげていたのですが、その度にGジャンの袖に筆箱や教科書が引っかかり、机の下にバラバラと落ちるんです。静かな教室に音が響くので、保護者たちは笑いを抑えていました。あー、そういう目立ちかたをするのか、息子……しかし担任の先生の対応は素晴らしかった。「○○くん、上着脱いだほうがいいかもね」とさらっと伝えてその場を収めてくれました。そこに、「あなたはそんなこともできないの？」という非難

の含みはまったくありません。小学一年生ができないことがあっても、別に当たり前だよね、と自分も思い直してホッとした記憶があります。人生最初の学校で素敵な先生と息子が出会えたことに今でも感謝しています。

そう、気をつけていないと、どうしても自分がよく見られたいからという理由で、理不尽に子どもに怒ってしまったりするのです。母親自身のための子育ては長い目で見て親子に望ましい関係をもたらさないと思います。『子どものことは子どもの責任で』（＊２）とフランソワーズ・ドルトも説いているように、古今東西、親には子どもと自他の区別を忘れがちなところがあります。ただ日本の場合は、周囲からも子どもがしたことに対して、一方的に母親に責任を押し付けてきます。それでつい、母たちは子どもに「人様に迷惑をかけるな」と繰り返し諭したり謝ったりしながら過ごすことになります。母と子は一体であるとみなす空気がとてつもなく強力なので、わかっていても「子どものことは子どもの責任で」と、念仏のように日々自分で唱えていないと、社会の空気に飲まれてしまいそうになるのです。

ところで、不思議なことに母親たちは息子に迷惑をかけられることをまったく厭いません。むしろ、あえて迷惑を被っているところがあります。古典的日本論の『菊と刀』（＊３）にも幼児期の男の子が母親を相手に癇癪玉を破裂させ、存分に攻撃を加えても許される様子が驚きとともに描かれていますが、そんな姿を現代でも目にすることが度々あります。幼い頃から母親が自分にやってほしくないことを子どもに伝えれば、人は自ずと「人様に迷惑をかける」こととは何かを学ぶ機会を日常で与えられるなのに、母親たちはあえてそうしないのです。子どもはソトでは「迷惑をかけるな」といわれて育つのに、ウチで「人様に迷惑をかける」こととは何かを学ぶ機会が足りません。子どもに献身することが子育てだと思い、母と子は一心同体だと思い込んでいて、「子どもから迷惑をかけられる」という考え方は浮かんでこないからでしょう。

重たい母親業

かつて保育士・幼稚園教諭養成系の専任教員として働いていました。学生だけではなく保護者とも接点の多いなかで、あらためて痛切に感じたのは、子どもからみた日本の母親たちの重さです。もう成人した子どもたちの人生であるはずなのに、学生たちは母の意向を常に忖度していました。きっと母親たちは自分がそこまで子どもを縛っているとは思っていないでしょう。専攻の選び方から就職にいたるまで、学生たちは母親の希望をどう取り入れていけばよいのか、自分の希望との間で悩んでいました。それは、現代の子どもが必ずしも抱えなくてもよい悩みのはずなのに。

大学とは子どもとして過ごしてきた学生を、社会に大人として送り出すという離れ業を期待されている場でもあります。結果的にはそろそろ子ども業を終えたがっている学生を支援して、母親業を続けたがっている保護者に廃業へと向かってもらうことも教員の仕事の一部として、私はやっていました。つまるところ、母親業が終わってくれないと、学生の側からは子ども業も終わらせることができないからです。

保育士や幼稚園教諭という仕事は、卒業と同時に学生に大人であることを強く迫る職業でもあります。無邪気に子どもと遊ぶことが仕事であると勘違いしている人もいますが、そうではありません。子どもの命を預かる、とても厳しい職業だからです。人は乳幼児を前にして、大学で積み上げた知識だけでマニュアル的に対応することなどできません。ホテルの受付のような対人サービス業と、人を育てる保育業には大いなる違いがあるのです。結局、保育士不足が嘆かれるのは、いってみれば親不足（＝少子化）と同様の現象なのです。母親業が重たいのであれば、代替の人手を提供しようとする保育業も重たい職業となるのは必然です。しかも重さに見合った賃金は支払われません。母親という無償で子どもを育ててくれる奇特な人が多数いる限り、保育者も崇高な理念のもと、薄給で働くことを当然視されがちです。子どもを育てる重たさに躊躇して母親業に参入しようとする人が少ない時代、人手は施設の内でも外でも不足することになります。

さらに、幼い頃からの人の育つ環境の重要性は近年あらためて注目されています。たとえばノーベル賞経済学者ヘックマンによる『幼児教育の経済学』（＊4）のような本が話題となりました。ヘックマンによれば、乳幼児への質の良い教育（保育）こそが、長い人生をよく歩んでいくために必要なスキルを、長期的にみて少ない費用で提供すると実証されたとのことです。こういう議論が日本に入ってくると、さらに輪をかけて母親業が重たくなりそうで心配になります。

たとえばヘックマンはこの著書で「子どもたちを一室に閉じこめて質の悪い全日保育を施せば、かえって害になりかねない」と述べているのです。このことは母親たちを「子どもを保育園に預けて働くなんてとんでもない」というようなプレッシャーにさらす可能性があります。こういった厳しい視線を親族からむけられた経験がある女性は、私を含めて多いと思います。初めて母親になった人が躊躇しないで仕事を続けようとしても、周囲の支えどころか反対されることさえあるのが現代日本です。結果として、高学歴であっても女性が子どもを持つと無業となりやすい傾向が続いています。

皮肉にも現政権が熱意を傾けているように、「この国」を本気で変えようとするとき、為政者は幼いころの育ちに照準を合わせ、家庭教育や幼児教育を掌握しようとします。その意図とあいまって、すでに重たい荷物を背負わされている母親たちに、さらなる荷物が積み上げられようとしているように思います。事実、母親の育児時間はここ数十年間ずっと増え続けているのです（＊5）。そのいっぽうで、母親業をこなせずに虐待してしまう親も後を絶たず、里親希望者は伸び悩んでいます。子育て稼業の大変さを誰もが受け止めきれていません。

「ふがいない息子」の近代

なぜ私が日本社会を論じる際に母と息子の関係を語るのか、ここで述べておきます。上野千鶴子氏によれば、身分や地位が移動可能であると信じられるようになった近代になって「ふがいない息子」と「不機嫌な娘」が産み出されました（＊6）。理由は明らかで、地位が固定されている前近代であれば、息子が父のような身分となることがあらかじめ定まっているので、「ふがいない息子」は存在しようもないからです。「大きくなったら何になるの？」という問いを子どもたちが持つこともなく、母親も期待しようもない時代が前近代です。いっぽう、「不機嫌な娘」は、夫を選択できる時代なのに魅力的とはいえない結婚をした母に対して、責任を免罪しないことから出現します。

「不機嫌な娘」たちは、田房永子のコミックエッセイ『母がしんどい』（＊7）のように、ようやく目に見える書き手として登場しはじめました。けれど、「ふがいない息子」が当事者として積極的な発言をしている様子はありません。それは自らの弱さを白日のもとにさらすことになる作業となり、「不機嫌な娘」の告発のように堂々とはいかないからでしょう。

では「ふがいない息子」と逆の「立派な息子」とは誰なのでしょうか。現代日本でその認識枠は驚くほど単純です。端的に言って「立派な息子」とはよい大学に入りよい就職をする息子なのです。あるいは、スポーツや資格試験など競争に打ち勝ってよい地位に上り詰めた者たちのことです。しかし、よい大学もよい就職もそうですけれど地位とは相対的なものなので、全員がその椅子に座ることはないわけです。まして昨今はそこに娘たちも参入しようとしているのですから、争いは熾烈になります。

その競争への参入意欲を持つ母親たちが、息子に投入する時間や金銭的資源を知ると本当に驚きます。これでは投入する時間や金銭などひねり出すことができない家庭で育つ子どもたちとの差は開くばかりでしょう。日本では、塾に行くのが当たり前となっており、公教育だけで学力をつけることに失敗していますから、高学歴の母親たちが自分の息子を「立派に」することに照準して、自ら教えたり熱心に情報収集をし、塾や家庭教師をつけて受験競争を支援したら、貧しい家庭の子どもが太刀打ちできるとは到底思えません。

人が一律に並べられるとき「立派な息子」がいるならば、必ず「ふがいない息子」も存在します。学校教育の現場では「オンリーワン」の個性を強調する言説が繰り返され続ける時代に、母親からして、いや母親こそが相変わらず一律に並べて誰もが認める「立派な息子」の生育を目標においているかのように見えます。見事な逆転現象ではないでしょうか。

だからこそ「立派な息子」たちであろうとする男性はその地位を女性に譲り渡さないよう、死守しようとするのでしょう。男女雇用機会均等法が施行された一九八六年からすでに三〇年がすぎましたけれど、日本女性の社会的地位は惨憺たる状況にあります。たとえば、二〇一九年の「ジェンダー・ギャップ指数（Gender Gap Index――GGI）」でデータがそろった一五三カ国中日本は一二一位で、ジリジリと後退しています。地位の奪い合いのもとで、女性が排除されつづける理由は、自らの地位を確保することよりも母親業に熱意を傾けて息子の地位達成を重視した母親たちが背後に大勢いるからでもあるのです。一昔前であればその理由を女性に求めることはできなかったかもしれませんが、そろそろ目を背けていられる時代は過ぎ去ったのではないでしょうか。いまや個人を生きようとする女性には、息子に不平等に肩入れする母親たちという、敵が対峙しているとすら感じるときがあります。

息子愛と少子化

それにしても、子育て中、息子がかわいくてしょうがない、というセリフを何度聞いたことでしょう。正直にいって私にはよくわかりませんでした。息子であろうが、娘であろうが、かわいいという感情に違いはなかったからです。繰り返し母親たちからそんなセリフを聞かされるうち、この〝息子愛〟には現代日本の少子化ぶりという謎を解く、重大な鍵が隠されているんじゃないか、と思い始めました。性差を意識した子育ての意図せざる結果が、男女のミスマッチをもたらすのではないか、と。

母親たちがいうには「男の子って、手がかかるよね」「ちっともしっかりしない」「いつまでたっても幼い」。だからかわいいというのです。それは、因果関係が逆で、母親がいつまでも息子に手をかけすぎるから、子どもは自立しないのではないでしょうか。幼いときの発達に性差が見出されることはもちろんあります。でも、人は子どもが生まれ落ちた瞬間から性差を意識した子育てをする傾向があることもよく知られています。見出される性差が遺伝的なものなのか、現在注目されつつあるエピジェネティクスなものなのか、周囲の働きかけによる環境的なものなのか弁別することは容易ではありません。それにしても、巷の本屋をみても「男の子／女の子」を区別した育児本は相変わらず並んでいますし、性差を意識して親は子育てをしているという研究結果も多数あります。日頃から性差別に敏感なはずの大卒キャリア女性たちでさえ、「男の子は、これだから困る」とちょっぴりうれしそうに語ります。性差を意識した子育てをしていることに、気づいていないのでしょう。

そのためなのでしょうか、いつまでも幼いとかわいがられる男の子の傍らで、どちらかといえば女の子はさっさと自立して母親に憎まれ口を言い始めます。思春期の母娘の葛藤がときに激しくなりがちなのは世界中で語られていますけれど、日本では別水準の葛藤があるように思います。なぜなら、娘の側からみて不当な差別を日本の母親たちは今もはっきりとしているからです。お金がかかるからと娘を下宿を要する大学に行かせなかったり、四年制大学でなく短期大学や専門学校にするよう促したりすることもめずらしくありません。現在でも四年制大学進学率は男子より女子の方が低いままです。地方大学には、学業優秀な女性が数多くいることを教員たちはよく知っています。親に性差別された怨嗟は、ときにきょうだい間の憎悪に結びついたり精神的な病の元になっていることもあるでしょう。こじれた母娘問題は急速に白日のもとにさらされはじめました。その裏で母息子の関係性はひっそりと隠されているのです。その痛々しい存在の一例が、ひきこもりの息子たちではないでしょうか。

こんなふうに「不機嫌な娘」と「ふがいない息子」として育てられた子どもたちが、次世代にカップルとなり関係性を維持できるとは思えません。母親たちは手のかかる息子たちに、自分の代わりに世話をしてくれる女性がいてくれることを望みます。でも、たいがいの娘たちはもうお世話をしたくないでしょう。そして、いまのところ日本での結婚は男が「立派な息子」でないと好まれないようなので、「ふがいない息子」たちの結婚相手はなかなかみつかりません。かくして息子愛は未婚化に寄与し、子どもは減り続けてしまうのです。

永遠にお世話し続けなくてはいけない男の子こそが、心の恋人である母親たち。一昔前にいた手のかかる夫はだいぶ少なくなりました。そしてたいがい不在がちです。そんな時代、彼女たちの眼差しは息子に注がれます。歴史を振り返っても日本女性は、母である限り強い立場にありつづけることができました。秀吉亡きあと豊臣秀頼の母として淀殿は政治に介入し続けました。女性は立派な地位にある息子の母であるとき、権力を手に入れてきたのです。そして母と息子は文字通り淀殿と秀頼のように命運を共にしてきました。

しかしついに現代日本では、女性には二つめの道が開かれつつあります。自らが直接社会で権力を手にする道です。そのとき、女性はどちらを選ぼうとするのでしょうか。どう転ぶのかわからない息子に肩入れするよりも、自らが社会で地位を得て活躍しようとするほうが手っ取り早いと考えるかもしれません。母親の息子への愛は多くの映画やドラマで描かれてきたように、無私の心から来ているものではなく、ほんとうは母親自身の下剋上をかけた戦いでもあったのではないでしょうか。平等な社会が整ってきたときにこそ、母が息子に託してきた真の願いが露わになります。

次章からは、そんな母と息子のあいだに潜んでいる関係性に様々な事象から光をあて、日本というシステムの一端を紐解いていきたいと思います。

【文献】

＊1　品田知美『〈子育て法〉革命――親の主体性をとりもどす』中公新書、二〇〇四年
＊2　フランソワーズ・ドルト『子どものことは子どもの責任で』みすず書房、二〇〇二年
＊3　ルース・ベネディクト『［定訳］菊と刀――日本文化の型』社会思想社、一九六七年
＊4　ジェームズ・J・ヘックマン『幼児教育の経済学』東洋経済新報社、二〇一五年
＊5　品田知美「家族の生活時間とワーク・ライフ・バランス」、松信ひろみ編著『近代家族のゆらぎと新しい家族のかたち［第2版］』八千代出版、二〇一六年
＊6　上野千鶴子「『日本の母』の崩壊」、平川祐弘・萩原孝雄編『日本の母――崩壊と再生』一九九七年、新曜社
＊7　田房永子『母がしんどい』KADOKAWA、二〇一二年

第2章

母は捧げる

自己犠牲という弱者の戦略

母親とは自己犠牲を厭わない人であると世間では信じられています。幼い頃からあらゆる自己犠牲の物語を読んできた私にとっても、「自己犠牲」という言葉は崇高なものです。自分の体をおおう金箔をツバメの力を借りて貧しい人に届け、最後は朽ち果てたオスカー・ワイルドの『幸福な王子』。誰でも一度は聞いたことがある物語でしょう。自己犠牲を厭わなかった人の物語は、東日本大震災のときリアルな世界にいる生身の人間のストーリーとして数多く登場しました。津波からの避難を呼びかける放送を続けながら、自らは避難をせずに亡くなった女性職員の逸話は、小学校の道徳教材にも使われています。

まさか自分にはそんな自己犠牲ができると思わずに人生を歩んでいても、母親になったとたん、誰もが子どもに身を捧げることが期待されていると、女性は気づくのです。

誰のための自己犠牲か

どの社会にも人のために命を捧げる人はいます。人間は利己的であると同時に利他的な生き物なのですから。ただ、自分よりも他人の命を優先させる究極の自己犠牲さえも厭わないことこそ美徳であると繰り返されるとき、どこかに違和感を覚えます。世間や表メディアによく取り上げられる言葉は、実際には人々がやっていないからこそ象徴としてとりあげられることもあるでしょう。自己犠牲を厭わなかった人の物語を道徳の教科書に入れ込んで教育しようとする現代、人の行為と言葉はズレているのです。そのいっぽう、日本でいまでも際立っているのは、身近な関係性に限定した自己犠牲の世間からの強要であるように思います。家族や地域、職場など普段出入りする場で人は忠誠を誓い犠牲を払うよう期待され、母親はその象徴的存在なのです。

かつて日本人の所属がイエであった時代、人の役割や地位はわかりやすいものでした。イエの嫁という地位にある人が外部の集団で重要な仕事をしている、ということはめったに起きません。嫁、あるいは母親という役割に殉じて身を捧げれば「自己犠牲を厭わない人」と認定されました。しかし、誰かの母親であることが人生のすべてであった時代が終わった現在、女性も母親だからといってすべての役割において自己犠牲的に振る舞うわけにもいきません。子どものために人生を捧げずに、会社のために身を捧げている人もいるでしょう。あるいはもっと広く世のため人のために捧げているかもしれません。「自己犠牲を厭わない人」とは、実際どういう人なのか、簡単に見分けることなど現代にはできません。

ところが、子どもを産むと、女性には母親役割を貼り付けようとする社会の強い圧力が働きます。たとえば子育て中の母親がインターネット上で書き込みをして情報交換をする掲示板（＊１）に「母親なら何もかも自分後回し、我慢が当たり前？」と投稿がありました。そこには共感も寄せられると同時に「それってストレスを感じることなのか？」と母親たち同士で疑問が出されたりもします。窮屈な母親像をつくるのは、同じ母親同士であったりします。我慢だと思ってるようではすでに失格で、母親たるもの気づかないうちに身を捧げているということもめずらしくありません。

日々の積み重ねにとどまらず、子どもに身を捧げることが自分にとって人生の目的そのものとなっている母親もいます。とある海辺にほど近いレストランで出会った店主は、三人の成人した息子の母親でした。とうに還暦をすぎた彼女は、「三人のうち嫁のこない息子が一人いる」ので、「これから私はその息子に一生を捧げる」と力説してくれました。けれども、母親の生涯は息子よりは通常短いのですから、努力しても最後までお世話できるかどうかわかりません。自分が先にお世話される対象になるかもしれないという考えは、彼女の頭には浮かんでいないようでした。

こういう発想は特殊とも思えません。たとえば息子がケガや病気でもしようものなら「何をさしおいてもすぐ駆けつけないと」と考えてしまう女性たちは実体験から多いとわかりました。子どものいるいないは意外と関係ありません。客観的に考えて、その場に居合わせているのでもなければ、母親だからといって専門知識もないのに現場に近い人たちより早く適切に対処できるはずもないのに。仕事もあるし、他人に看病は任せるしかないでしょう、などと、もし淡々と話そうものなら驚かれること請け合いです。身近な家族の体調が悪ければ心配でたまらないのはもちろんですけれども、母と息子には特別な絆があるのだという神話が世間には満ちています。

母親が幼い頃のケアする人そのままの感覚で、成人男性となった息子を支えなければと感じている女性たちをみると、ときに病理を感じます。不思議なことに、娘がケガや病気をしてもそういう強い反応は生じません。女性の周りには必ずケアしあえる女性仲間がいると安心されているからでしょうか。息子に男性の友人がいるだけでは心配で、自分の代わりにきちんとケアしてくれる彼女がいれば安心するという心理が見え隠れすることもあります。

そうやって息子はいまも母から嫁へと手渡されるものとなるのでしょう。他ならぬ私の母も、あまり体の強くなかった父に対してお姑さんから「息子のことをくれぐれもお願いする」とはっきり頼まれたそうです。看護師の祖母から保健師の母に手渡された父は幸運だったと思います。大切に手塩にかけて育てられた息子を引き受けて、お世話できる嫁を見つけるのも、なかなか大変だと思うのですが、看護師や保育士、介護福祉士などのケアをする職業はいまも女性の多い職です。身につけた専門的知識を家族に向けて使っている女性は、とても多いのです。

でも、お義母様方々、あなたの大切な息子につくすことなどいまどきの女性たちにはできません。なにより、つくし捧げる自分の母親をみて「あんなことは到底できない」と思って育ってしまった「不機嫌な娘」なのですから。そのいっぽうで、つくし捧げられることに疲れている息子もいます。「身を捧げられても困る」と意識して防衛しているのかもしれません。人はつくし捧げられてしまうと、相手に返さなくてはと普通は思うものです。贈与論でいうところの「返礼」ですね。その母親から贈られた自己犠牲に対する「返礼」は通常は「出世」です。贈与には返礼を期待するものと、期待しないものがあるのですが、特定の身内にむけた自己犠牲とは、相手に対してどこかで「返礼」を期待するものとなりがちです。

母親が気づいていない自己犠牲

では、世間では当然すぎて自己犠牲とはなかなか思われない母親の行為をあげてみましょう。まずは、人間の生存に最も基本的な行為である「食う」、「寝る」あたりから。掲示板のトピック「母親なら何もかも自分後回し、我慢が当たり前?・」でも、「食べ物飲み物を自分の分を子どもに分けたり全部あげたり外食も自分が食べたい物じゃなく子どもの希望に合わせたり」しているとと具体的に書かれています。

あらためて振り返ると、子どもに捧げていないつもりの私でさえ、意外にも食事のメニューを考えるときには、確かに子どもや夫優先にしていたかもしれないと愕然としました。まあ私はグルメでもなく、これもっと食べたい！　とか好き嫌いが多い方でもなかったから、さほどストレスにはならなかったのでしょう。けれど、昼間仕事に出て外食も多かったので、欲求不満を感じずにすんでいたのかもしれません。それがなかったらどうなっていたことか。食べ物の恨みは怖い、って言いますよね。

子どもが幼くても、仕事をしている母親なら週末の家族中心生活でためた「自分は後回し」の我慢を、平日ランチの自由選択で癒せたりします。わが家にも辛いのがまったくダメな娘がいたので、私は好きなエスニック料理を外食専門で食べていました。主婦たちが集まる昼間ランチって、実はそういうことなんでしょう。女性は友人同士でさえ店選びも互いに譲りがちだったりします。家では夫や子ども中心の食生活を送っている女性たちが時折友人と好きなものを食べるとき、ビュッフェスタイルが人気なのはみんなが好きなものを食べられるから。でも、乳幼児がいる専業主婦は常時子どもと行動しており、大人食を子どもに取り分けなくてはならなかったりするので、いつも人に合わせている感じになります。

「寝る」ほうの自己犠牲は、生まれたときから子どもに要求されつづけたと記憶に染み付いています。生後しばらくは数時間おきに赤ちゃんがお腹が空いて泣きますから、どうしても起きて乳をやらざるをえません。母乳をあげていると、これだけは父親と交代できないのです。授乳は自己犠牲する母親の原点かもしれません。子どもが生まれた後は、一度でいいからぐっすりと朝まで眠りたいという願望を持ちました。でも、こんな状況を当たり前だと思わない母親は世界ではめずらしくないのでしょう。フランスの知人男性が「妻と交代で一晩ずつ起きてミルクをやってるよ」といったのを聞いて、うらやましい、と心から思いました。当時夫と交代するという考えは、私の頭に浮かんできませんでした。

では、少し高次の欲求である「遊び」になるとどうでしょう。ひところ騒がれた母親がパチンコに夢中になっている間の、子ども熱中症死はさすがに言語道断の不注意でしょうけれど、掲示板に書き込まれている母親の叫びには「見たいテレビも見られない、逆に見たくないテレビを子どもが見たがるから見なきゃいけない。行きたいところ（買い物とか旅行とか）も我慢。独身の友だちからの誘いも子どもがいるからって我慢」とありました。このあたりが意見のわかれるところでしょう。

子どもを置いて遊びに行ったりすることへの抵抗感が妙に強いところが、日本社会で独特だと思います。美容院や居酒屋など、最近でこそ子どもを連れて行ける場所が増えていますが、「子どもを置いて遊びにいく」はまだハードルが高いようです。小さい頃からベビーシッターに預けて遊びに出かける母親には、めったに出会えませんでした。ベビーシッター代が高いからという経済的理由もあるでしょう。祖父母や親族にそうそう「遊びにいく」と預けるわけにもいかないし。仕事が夜間休日に入って保育園に預けられないとか、体調を崩したとか特別な理由でもなければ「子どもを預けて出かける」のがむずかしい社会なのです。

もう一つ重要な理由は、日本ではカップルで出かけるという文化がないため、母親だけが家に取り残されて当たり前となるということでしょう。欧米の社交の伝統では根強くパートナー同伴を要求されます。北米の高等学校で行われるダンスパーティー「Prom（プロム）」あたりから、すでにカップル参加での強制文化の押しつけがあるといわれます。子育て中だろうと、夫婦で外に駆り出されやすくなり、仕方がなくベビーシッターに預けて外出することになるはずです。レストランも一人で出かけにくいし、逆に欧米は単身者にとって肩身の狭い社会だともいえます。が、結果として、母親だけがひたすら家で子どもの面倒をみるという状況が減るのだと思います。

母の奉仕はエンドレス

ところで、母親が子どもの世話をするために自宅周辺に留め置かれがちな傾向は幼いころだけに限りません。たとえば、受験期にも母親は自宅からなかなか出られなかったりします。もともと少なかった夜間の外出を一切控えたり。子どもが二人もいると、中学、高校、さらに大学受験、と頻繁に受験期、というものが訪れるため、母親業を人生の中心にすえている知人とは会う機会がどんどん減ってしまいます。共働きが増えて昼間は仕事のために、夜は家族のため、友人にも知人にも会えないまま、孤立していく女性は増えたのではないでしょうか。けれど、中学校受験までならともかく高校受験でも母親が待機する理由は、私にはよく理解できません。本人が受験するのに、母親が待機するといいことがあるのでしょうか。結局、病気やケガへの対応と同じで、側にいることによる精神的サポート提供なのかもしれませんが、そんなに弱々しいものとして子どもを扱っていて本当に大丈夫でしょうか。

また、子どもがサッカークラブに入ったりすれば、親に送り迎えとか引率のボランティアを要請されることがあります。子どもが「サッカーやりたい」と言ったとき、付随する奉仕の時間を提供できないからと、はっきりダメだしをする母親もなかにはいます。付き添い奉仕の時間を要求しないクラブも増えていると思いますが、一般には奉仕活動に身を捧げている母親たちが多数いてようやくスポーツクラブは運営されています。いま都会を中心にお金を払って無償の奉仕活動をしなくても済むスクール系クラブの人気が高まっているそうです。しかし、住んでいる地域にそういったクラブがあるとは限りません。母親が自分の時間を確保するのか、子どもの希望を叶えるために自分の時間を捧げるのか、二者択一を迫られる場面が、ここで確実に生じます。

　スポーツの世界ではいまも男性はプレーする人、女性は応援する人、というイメージが残っています。特に日本の部活動では「女子マネージャー」の存在が制度化されているので、その関係が子どもの活動にそのまま持ち込まれています。子どもが減っているこの時代、日本で母親をしている人はお世話をすることが得意で好きな人も多く、息子がスポーツクラブに入ろうものなら、お手伝いするのは当然と主張します。というより、そういう生活を夢見て結婚／子育てしていたりするので、「こういうの夢だった。息子のクラブでマネージャーをするのが心から楽しい」と生き生きしている人もいます。彼女たちがクラブのお手伝いを自己犠牲などと思うことはないでしょう。

　でも、休日は外に出るのも億劫で、家で映画をみたり読書したい、という母親にとってみたら、早朝から二〇人もの〝元気なガキたち〟を連れて試合に引率するなんて苦役でしかないかもしれない。まして、翌朝から仕事に出かけるからなどと、言い訳なんかできませんから、まさに体力勝負の世界。私はわりと若くして子育てをしていたし、そこまで苦手分野ではなかったので凌げましたけれど、子どものサッカークラブ合宿に帯同して帰宅したときには脳みそが攪拌されたみたいに疲労していた記憶がありますね。

　このように、奉仕して当たり前の母親像は子どもが成長しても、かなりハイレベルで持続されているのです。高校の部活動でさえも、母親の支援で成り立っているという実情もあります。自分の仕事を減らして子どもに奉仕した母親から、「あなたのためにに頑張った分〝成果〟を出してほしい」、と言われている子どももいるでしょう。子どもからすればこれほど迷惑な言葉もないと思います。母親業とは保育園さえ作れば代替してもらえるような、短期的な稼業ではないことを、政策を担う方々は理解しているでしょうか。

自己犠牲が子に抱かせる罪悪感

でも、少し前の母親たちがしている自己犠牲はそんなに生やさしいものではありません。社会全体が貧しいなかで払われる犠牲とは、生存にかかわります。山村賢明は名著『日本人と母』(＊2)のなかで、知名人が母を語るラジオ番組を分析しました。番組は一九六一年から一九六四年までのもので、割合としては男性の四〇代以上が半数近くでした。最も主要な語りとは、「母は苦労している」ということなのです。苦しみのなかでみられるという二つの特徴は、「たえる」と「つくす」となります。事象をみると、父に女ができたけど我慢、とか食べる量を減らして子どもにあげる、とか果ては操を金貨に売る、など壮絶です。父の暴力を子どもの代わりに受け止めて怪我をしたとか、現在ならDVとして法の介入がなされるような内容が公共の電波で放送されていたのです。しかもこれは生活の貧困と関係がないといいます。子どもの側には、かように重たい母の犠牲に、簡単には報いることができないという罪の意識が派生している、という指摘が興味深いところです。

また、この著書では、一九六二年頃に行われた内観法による非行少年の母への語りが分析されています。心理療法の一つである内観法は日本を中心に広められている方法で、特定の身近な人を一人ずつとりあげ、自分のした行為を相手の立場に立って反省します。ここで分析されている対象者はすべて男性です。知名人とは逆で、社会的には望ましくない行為を働いた息子から語られる母親像をみても、奇妙にも結局のところ同じように「たえる」と「つくす」というものでした。献身的な母親が、自らの生命をかけて子を守ろうとする場面の事例が出ているので、紹介しましょう。

中学二年生のときのこと、友達と遊びまわって夜遅く家に帰ってきた。〝お前のような不良は親類にも顔向けできない〟と父に殴られ、自分は反抗して殴り返した。その時、母がかばったのが気に入らず、〝母がきょうだけは家にいてくれ〟というのに、〝ほっといてくれ〟と家をとびだした。後を追ってきた母は〝そんなにいうなら、この電車にとびこんで一緒に死のう〟と線路にシャガンだ。（＊３）

知名人という「立派な息子」であろうと、非行少年という「ふがいない息子」であろうと、同じように「たえる」と「つくす」という自己犠牲する母親像を持っている。自己犠牲的で献身的な母親だからといって、その苦労が必ずしも報いられるとは限らないということがよくわかります。

では、なぜそこまでして母親たちは、苦労しているのでしょう。

子どもに深い罪悪感を抱かせて、母親は子どもを情動的にコントロールしようとしていると山村は指摘しました。「この電車にとびこんで一緒に死のう」などという情動的なコントロールが子どもに対して効果的になるのは、母親本人が身を挺している、つまり苦労し、耐えて自己犠牲的に振る舞っている弱者であるときです。当時もそんなに耐えてもおらず、生活を謳歌している母親もいたとは思いますが、そういう母がこの方法で相手をコントロールしようとしても、迫力がないでしょう。社会的に弱者とされてきた母親が、相手を支配するために残された唯一ともいってよい方法こそ、自己犠牲する姿をみせることで子どもに罪を負わせる逆転技なのです。

「母親なんだからみな平等」の奉仕活動

再び最初の疑問にもどりましょう。母親は誰のために自己犠牲を払うのでしょうか。

スポーツクラブで奉仕活動に熱心な母親たちのなかには、すべての子どもに惜しみなく捧げている人もいれば、自分の子どもに限定して奉仕したい人もいるでしょう。どのみちいつも送り迎えして息子の練習や試合を見に来るなら、付き添い活動を希望する母親中心でやってもらえないかな、と思ったとしてもそうはいきません。仕事に追われて忙しいとき、ちらっとそんな話題を出したとき、「自分の子どものプレーを見ていたいのに、付き添い係をしていたら見られないでしょ」と返されたこともありました。彼女たちは自分の子どものために通いたいのであって、クラブ全体の子どものために働きたいわけではないからです。仕事は勝手にするもので、母親業をおろそかにしてまで行うべきものとは認めてもらえません。

母親たちがＰＴＡ活動に熱心ではなくても、子どもの習い事や塾のサポートや送り迎えには時間を惜しまないのも同じ論理からきています。「身を捧げる」理由が第一義的に子どもの「業績達成」である限り、現代日本では娘よりはまだ地位達成の見込みが高い息子に、肩入れがなされやすくなる理由もここにあります。あるいは、冷徹に「才能ある子ども」だけにお金と時間を使う母親もいるでしょう。

結果として、地域では「母親なんだからみな平等に」奉仕活動を分担させられることになり、ひとり親や常勤職の母だからといって容赦などありません。できる人ややりたい人がやるという展開にはならないのです。いっしょに役員をしていたときに、運営委員などの重責を担っている人が「人の子どものために奉仕して、自分の子どものために時間が使えなくなるPTA活動って何なんだろう」とつぶやくのを聞いたことがありました。重要な役についている人の多くは地元の篤志家で、自分の子にも他人の子にも尽力されている方なのです。

母親なんだから、という女性の平等主義はとにかく過酷です。私の子どもが小学生となったときには、都心では女性の就業率がすでに高まってみんななにかしらの仕事をしていましたので、押し付け合いは熾烈でした。手が空いている人がやればいいという牧歌的な時代は消えていました。男性はこの平等主義からは排除されるため、母親に代わって父親を差し出すと、なぜか同情を誘うのか軽いお仕事が割り振られたりもするのですが。

学校の先生方の母親に対する期待値も高く、学校での忘れ物が続いていると小学校高学年であっても「お母さん、ちゃんと忘れ物がないかチェックしてあげてください」と言われます。「本人に努力してもらいたいので、もう手伝いません」と私はお話ししましたが。よほど根性が据わっていないと言い返せないでしょう。

このように、母親となった日には軽く生きようにも、そうもいかなくなるのです。就業でも結婚でも趣味でも、選択することになれた身からすると、逃れられない役割が母親になると次々に課せられてくるという事態には耐えがたいものがあります。「そんなつもりで私は生きてこなかったんだけど」と嘆いても、母と子からなるシステムが基礎に据えられている以上、社会は身を捧げるよう、母親に強いてきます。そのときに使われる「愛しているなら身を捧げなさい」、というささやき。愛し忠誠を誓うことを強要する会社がどこか怪しかったりするように、母親像に縛られていく社会のしくみは疑ってみる価値がありそうです。

自己犠牲のおぞましさから逃走する

母親が自己犠牲をしてしまう心理を、フロイトなら女性的マゾヒズムと説明して終わらせてしまいそうですが、自己犠牲の精神が自然に、本質的に女性に備わっているなどと、私はもちろん考えません。母親のマゾヒズムがどこからきたのかと考える前に、母親の自己犠牲が社会にもたらすおぞましさのほうが気になります。

よく言われてきたように、戦前の日本では軍国主義の体制に母性という概念が動員され、利用された経緯があります。フェミニズムでも研究されているように、母性は社会的に一時構築されたものと捉えられています。ただし、もう少し日本には歴史的に強固な権力との関係が横たわっていると私は考えます。山村賢明も「戦争の一時期だけに忽然とこの観念があらわれたとは考えられない」とし、「利用され動員されたのは、子にたいして母が持つと思念されていた『力』だと考えるべき」だと慎重に述べています。つまり、支配層は母親を公の権力の側に引き入れておくことで、すべての人々を動かそうとしていたということでしょう。そうでないと、すべてを捧げてきた愛する息子を、公のために母親が差し出してしまうというパラドックスが理解できないからです。

「子を業績達成にかりたてる」という母親の持つ一面が、時代によって戦場へ送ったり、モーレッツサラリーマンに仕立てたり、ブラック企業であろうと過労死するほどに息子をかりたててしまうように、変化しているだけである、と考えたほうがすっきりします。母は時代に応じた水準の自己犠牲を払い、苦労する姿をみせながら、相変わらず情動的に子どもに権力を行使しているとしたら、日本には恐ろしいシステムが根づいています。

日本と同じくファシズムが猛威をふるった国イタリアでも、母親は自己犠牲をするべきだと女性たちは思い込まされてきました(＊4)。ドイツのナチズムでおきたことを心理学的に考察したE・フロムは、支配する側のサディズム的傾向と、支配される側のマゾヒズム的傾向が絡み合う権威主義とかかわって、ファシズムが発生していると指摘しています（*5）。

フロムはマゾヒズムの源泉を母親の自己犠牲と結びつけてはいないのですが、ドイツには日本に勝るとも劣らない重さで、母親にたいして犠牲を強いる規範があるとよく知られています。そして、イタリア、ドイツ、日本という第二次世界大戦時の同盟国は、先進国きっての低出生率という共通項でいまや結ばれています。この三国の女性たちは、自己犠牲を厭わぬ母親たちと、母親になることをやめた女性たちに分断されているのです。

もし身を捧げる母の行為にファシズムの源泉があるのなら、自分という個を大事に生かそうとする母親でいることそのものが、抵抗の前線にいるという態度を示すのだと言ったら、言いすぎでしょうか。私は長らくファシズムと自己犠牲をする母親の関係性に疑いをかけてきました。母親業を軽くして早期に廃業する態度をとるほうがいいと推奨しているのは、子どもだけのためではない、ふたたび重苦しいファシズム的な価値の一元化された世界を呼び込まないためでもあると、真剣に考えるがゆえなのです。

【文献】

*1　ママ スタジアムBBS「母親なら何もかも自分後回し、我慢が当たり前？」（http://mamastar.jp/bbs/comment.do?topicId=2312384）

*2　山村賢明『日本人と母――文化としての母の観念についての研究』東洋館出版社、一九七一年

＊3　山村、前掲書、一九七一年

＊4　Pickering-Iazzi, Robin, 1997, *Politics of the Visible: Writing Women, Culture, and Fascism*, University of Minnesota Press.

＊5　エーリッヒ・フロム『自由からの逃走』東京創元社、一九六五年

第3章

母の愛は有償である

イエの継承者をつくる

母親こそは無償の愛を捧げる存在であると思いたいし、私もずっとそう信じてきました。ふつう労働というと、賃金が支払われる有償労働を人はイメージしますが、支払われない家事や育児、あるいはボランティアという無償労働がなければお金だけあっても、人は生存することができません。母親が無償で行っている育児という行為を保育士がやると、仕事として賃金が支払われることに、多くの人は馴染んできました。けれども、本来無償であると考えられているからでしょうか、専門職であることで負わされる責任に比して、その賃金は低いままにとどまっています。そのような現状を見るにつけ、母親はイエという経営体に雇われて専属保育士として育児という仕事をしているのではないか、と思うことがあります。

無償化する公的育児の謎

二〇一九年秋から、幼児教育・保育の無償化が始まりました。日本の乳幼児期の家族関係給付が国際的に見てGDP比で少ないのはよく知られていますし、無償化は当然の流れでもありましょう。けれども、母の立場からみると謎に満ちています。これまで母親たちは無償で幼児教育の大半を担ってきたのですから、「幼児教育が無償になる」と言われても、母親が直接に労《ねぎら》われるようになるわけではありません。ではなぜそのように、直接労われなくても母親たちは時間をさいて乳幼児を教育しているのでしょう。

小学生のように読み書きや計算のしかたを学ぶのとは違い、すべての体験が人間としての土台を築いていく乳幼児期。幼い子どもは大人たちとごはんを食べながら美味しいという感覚を知り、楽しい食文化を身につけ、対話をしながら言語を学びます。公園でダンゴムシを手にとって多彩な動きに魅せられ、その繊細な動きの観察をすることは科学的理解の土台となります。家族と過ごす日常生活が教育活動そのものなのです。1章でとりあげたヘックマンをはじめとして、幼児教育の質が人生を左右するという経済学の本がビジネス書の隣に並べられている今の日本で、母親たちに任せておくのは心配だという思想も無償化議論の陰には見え隠れします。

二〇〇六年に教育基本法が改正され、国が家庭教育の内容に介入する根拠となる法律もすでに整備されてしまいました。さらに与党自由民主党は、「家庭教育支援法案」を準備しており、憲法二四条の家族に関する規定にも手をつけようとしています。思想的に親和性の高い「親学推進協会」が主宰するセミナーが多数開催されるなど、全国展開がすでに具現化しています。親学セミナーでは親が子どもの教師となり正しく導いていくべきである、という道徳観が根底にあり、復古主義が懸念される内容を伴う主張がなされています。このような文脈でとらえるならば、無償化論とは、世帯単位で私的に担われてきた教育・養育費という金銭的な負担を減らして、公費で支払うかわりに教育内容にも介入するという意味合いを含んだものだと思います。

無償化で母親の重荷は減らされるでしょうか。待機児童の多い都市部では、ただでさえ入れない保育所への入所希望者がさらに増えて競争が激しくなりそうです。以前よりは女性は就業を継続するようになったとはいっても、二〇一〇年代前半の日本では出産のために無業となる女性が半数程度います(＊1)。妊娠前から無職の人と合わせると、子が幼い頃に仕事をしている女性は四割に届きません。就業継続をしたとしても、非正規雇用になったり働き方を変える人が多いのが実態です。

三歳未満の子どもを持つ母親のなかで潜在的な入所希望者は相当数いるはずです。保育園に入れない人が多数いるのに無償化すると、入所できた人とそうでない人の間で、さらに不公平感が強まることになるでしょう。いまでも幼い頃の保育の担い手として祖父母の存在は大きく、彼らが手助けしてくれるか否かが、女性の就業継続に大きな差をもたらしています(＊2)。これまで祖父母に預けていた親たちも、幼稚園や保育園が無償になるなら、そちらに預けたいという希望者も多いと思います。

仕事としての育児

ところで、見方によって母親は子どもに無償で奉仕をしてきたともいえません。経済基盤を夫の給料に依存しているということは、夫が支払い者となって子育てを妻がしている状況だからです。このやりかたですと、経済的に夫に頼れる環境がなければ子どもを持てないため、婚外子は少なくなります。福祉国家では子育てにかかる費用の多くを社会が支払いますので、夫との関係に不安があったとしても、女性は子どもを持つという選択をためらわずに済みます。日本のシステムですと、男性の稼ぎが減ったとき子育ての費用を捻出する人がいなくなります。

現状のシステムを前提として女性たちに「子どもを持てないのはなぜか」と質問すれば、子どもを持てないのは「お金がない」から、つまり経済問題であると答えるでしょう。それに、日本では育児が仕事であるといわれても、さほど違和感を持たれていません。ネット検索をすると数多くの人が「育児という仕事」とか、「子育てという仕事」という言葉を使っています。

経済学の教科書で定番の説明に使われるように、家事使用人が主人に雇われて行っていいた「労働」は、使用人と主人が結婚すると「家事」になり国民総生産の計算から除かれます。同じ人が同じ行為をしたとしても、市場取引がなされないとき、それは定義上は仕事とはみなされません。だから、主婦が「子育てという仕事」をしていると話すのは経済学用語としては矛盾するので使いませんが、日本では歴史的に家事や育児と農作業やその他のあらゆる仕事を等価なものと考える感覚が広まっていて、誰も不思議がったりはしません（＊3）。

いっぽう、西洋では家事や育児を「仕事」と言ってしまう感覚にどこか抵抗があるようで、社会が「労働」の一つであると認めない状況が長らくありました。たとえば、著名なアン・オークレーの『家事の社会学』（＊4）は、女性たちがやっていることが実際にはハードな労働であるという様子を丁寧に描く調査研究を通して、主婦の家事を「労働」として捉える必要性を主張した著作です。オークレーは、家事や育児は愛にあふれた女性役割の一つとしてしかみなされていないがそれは「労働」でもあると異議申し立てをしたのです。それだけ一九七〇年代イギリスには、家事を仕事と同列に扱うことへの強い抵抗があったのだといえるでしょう。

もし日本のように育児が仕事であると考えてよいなら、子どものために会社を辞めるという行為は、一種の転職となっているともいえます。雇い主が夫で、多少の自由とお小遣いももらいつつ家事育児という仕事に専念できる職場への転職。まさに、妻は夫のことを「主人」と呼んでいるので、言葉上はまるで雇用主と被雇用者の関係性になってしまいます。ちなみに夫を「主人」と呼ぶ傾向が強まったのはむしろ戦後でした。戦前には自宅に使用人がいる家庭も多かったので「主人」という呼称と、奥さんが呼ぶ「夫」、などの用語が使い分けられていたからです。戦後しばらくたつと、お手伝いさんとして家事育児をこなしてくれる人がいなくなり、入れ替わりに妻たちが無償労働をするようになりました。

とはいえ、女性の立場からみると結婚し子どもを持っても続けられる職がとても少なかったわけですから、強制退職させられた上で結婚という転職にいたっている事実は忘れてはならないでしょう。育児が仕事であるといっても、人々が時給換算の賃金のような対価を常に意識しているという意味ではなく、農作業や商売に駆り出されているときのような感覚ではないかと思います。

では、日本人にとって仕事とは、あるいは日本人がどうして仕事をするのかというと、「イエのため」といえるのではないでしょうか。日本人が何に忠誠をつくしているのかという論点について、大澤真幸は「キリスト教でも、儒学でもない。超越心でも天でもない。しかし、イエのためになら頑張る」と語っているのですが、とても腑に落ちる言い回しです（＊5）。

イエは主に二つの側面から語られてきました。一つは経営体としてのイエ、もう一つは系譜としてのイエです(＊6)。家族が経営体的なイエであるなら女性にとって生まれたイエは、転職元の職場だったと思えば、考えやすくなります。未婚化とはこの意識が続いているなかで、魅力的な転職先を提供してくれる雇用主が不足した現象と理解できます。また、系譜としてのイエに忠誠をつくして仕えることが母親の務めなら、跡継ぎを育てる仕事が高邁で最優先の活動となるのは理の当然です。母が愛という名のもとに、息子に肩入れをするのはなぜなのかといえば、それは意識されているかどうかはともかく、「イエのため」であるかもしれません。それが仕事なのであれば、母の愛は無償な行為とはなりえず、有償な行為と違わないといえるでしょう。

イエの養育目標は稼げること

では、母の愛がイエの仕事としてなされるとき、子育ては、どのようなものになるでしょう。経営体にせよ、系譜づくりにせよ現世の子どもの幸せ、などという甘っちょろい(?)目標設定には至らないはずです。そのとき、引き継ぐ事業が実態としてあるような自営業的イエであるのか、地位や階層のような肩書き的なものしか引き継ぐものがない被雇用世帯のイエなのかによって、母親に求められる対応のしかたは変わってくると思います。

まず、自営業的な家族はどうでしょうか。といっても、現在では第一次産業従事者は例外になると思います。なぜなら第一次産業はあまり儲からないので、イエの本質が経営体なら、ただそのまま引き継いでも儲からないものは簡単に放棄されてしまうでしょうから。実際に日本の農家で現在起きていることです。けれども、医者とか政治家とか経営者とかそういった儲かる稼業のイエは、しっかり経営体の引き継ぎをめざしています。一般に世襲といわれるのはこのような見えやすい職業なのです。公のものであるはずの法人の名を借りながらも、おイエ騒動などといって争いをしている企業もたくさんあります。学校や宗教と名の付く法人ももちろん例外ではありません。日本の戦後とは、一掃されたはずのイエ的なるものが、モコモコと再び伸長してきた時代なのです。それは、日本人の多くがやっていたことでした。

とするならば、まさに与党国会議員の多くが世襲議員であることも、社会を映す鏡といえましょう。ちなみに二〇一四年時点で衆議院の世襲議員は四人に一人以上となっています。伝統的に階層が固定化されているイメージのあるイギリスでさえ世襲議員が一〇人に一人以下であるのと比べても、かなり多くなっています。また、現役の医師は四人に一人が医師の父を持ち、大半が息子で長子が多いことも知られています。

イエの継承という実態はこのように、象徴的な職業においてデータで明確に確認できます（＊7）。政治問題化した学校法人森友学園も当然のように長男が継いでいます。学校法人などは意思決定機関である理事会のメンバーも理事長が中心となって選ぶことも多く、世襲が維持されやすいのでしょう。政治と教育が直接深く結びつく関係が目立っている理由は、このあたりの状況が業界として似た構造を有しているからだと思います。

いっぽう、雇用される世帯において家族はどうやってイエを守ろうとするでしょうか。イエの二つの側面のうちの一つである経営体として側面からいえば、「稼げる子ども」にすることが第一目標に立てられるはずです。それもできるだけ多く稼げる子どもが望ましい。息子ならば当人が稼げるように、娘しかいなければ、イエを継承する結婚相手として、稼げる婿を迎えやすくなるようにということが目標設定になるでしょう。

親たちが稼げる子どもを重視していることは明白です。大学の広告に競って出される「就職率一〇〇%」という宣伝がそのものズバリを語っています。私もそうですが一般に大学教員は就職予備校の先生を目指して修業してきたわけではありません。むしろ逆でしょう。私企業の経験もろくにない教員が、学生を就職させるために頭を悩ませているのが、現在の少子化に追い詰められ、世間の価値におもねるしかない大学の姿です。いまのところはいわゆる偏差値の高い大学＝よい就職を得るのに有利な大学、というざっくりした傾向から、大学自体の価値というよりも、就職に向けての価値という意味で競争が繰り広げられています。スポンサーでもある親たちは子どもの大学や学部選びに金も口も出しているのが現実です。

ところで、もう一つのイエの側面である系譜という視点からみたとき、雇用されている世帯においても世襲が目立つように思われます。私自身が業界に入って初めて気づいたのですが、大学教員業界も世襲率が高い職業の一つでしょう。まず、普通のサラリーマン世帯に生まれるとどうやったら「大学教員」になるのかよくわからない。高校までの教員には免許というものがありますが、大学教員にはありませんし、漠然と博士号を取ればなれるのかな、などと思っている時点で出遅れます。

いまも名だたる企業には「子弟枠」が存在していることも、周知の事実となっていますし、あるいは、関連会社に頼む縁故採用もあります。父親の存在が息子の入社に有利に働くシステムが存続しているのに、表面上は公平に公募しているかのように見せている。そんな事実に気づいてしまったとき、親族に頼れない若者は自暴自棄にもなるでしょう。

積み上がる息子たちの不幸

このような無償を装った「母親の有償の愛」は戦後長期にわたり実を結んだかもしれませんが、現在は不幸を量産しているのではないでしょうか。日本経済が右肩上がりだった時代には、多くのイエが経営体としても系譜的にも成功体験を得られました。それを母親の愛のおかげだと思うことができた人も多かったに違いありません。しかし、いまそういう時代は失われました。低下している実質賃金のもとで超長時間にわたって労働しても、将来がよくなる展望が開けないなかで、とにかくがんばるしかない。そういう時代になってしまうと、このような「母親の有償の愛」にもとづく養育システムは子どもに重たい足かせを増やすものへと、逆回転をもたらし始めます。

母親が昔とさして変わらない行為をしていたとしても、社会が変化してしまったら、子どもから見て違う受け止め方になるのです。妻が育児中心となり夫が経済的な支えにならなくては子どもが持てない社会では、イエの経営が傾けば系譜としてのイエも存続が危うくなります。まるでイエの継承を奨励しようとするかのように、国は期間限定ではありますが祖父母から孫への直接の教育投資となる贈与を制度として認めました。父母、そしてそれぞれの祖父母という六つのポケットがあるということは、裏返せばそれだけ孫からみても重荷が増えるわけです。「これだけ投資したのに出世しないのか」と思われて育つ息子たちの精神は無事でいられるのでしょうか。

日本の若者の自殺率は高止まりしているという悲しい事実があります。一五歳から三四歳までの死因の一位は自殺です（＊8）。そのような先進国は欧米ではみあたらず、お隣の韓国だけが歩調をあわせるように高い自殺率で知られます。韓国の母親は日本の比でない教育熱心さで知られており、英語環境で育てるための母子留学もめずらしくありません。

日本で自殺が高止まりしている直接の原因は就職しても使い潰されるブラックな雇用環境が増加していることと無関係ではないでしょう。けれども雇用環境が単に悪いだけであれば、ヨーロッパの方が厳しいはずです。若者（一五〜二四歳）の失業率は二〇一四年で六・三％にすぎず、スペインの五三・二％とはまさに桁が違います（＊9）。OECDで失業率は最低水準を誇る日本でこそ、過労死がらみの自殺が多くなってしまうのはなぜなのでしょう。そして、自殺率はどの年齢でも女性よりも男性の方が二倍以上は高いのです。

ビジネス書として『「死ぬくらいなら会社辞めれば」ができない理由』という話題騒然の過労死マンガがありますが、まさに壮絶な内容が描かれています（＊10）。リアルにこの書籍を必要としている人が膨大にいるからこそベストセラーなのでしょうが、なんとも苦しい時代となりました。この本の最終章は、「自分を犠牲にしてがんばりすぎちゃう人へ」というメッセージで綴られています。「どうして大人なのに君は自由じゃないの？」「その鎖の先に本当は誰がいるの？」という問いかけがありました。問いへの答えはそこに書かれていませんでしたけれど、私はこう答えたいと思います。「その鎖の先は、母親が自己犠牲を厭わないという姿をみせつつ『有償の愛』を与える社会システムにつながっている」と。

「会社はいちいちあんたが本当に大丈夫かなんて考えてくれへんよ。自分で注意しとかんと」

「全部我慢して身体壊して仕事しても、誰も感謝してくれへんし責任もとってくれないんよ」……（＊11）

これは、作者の母が語ってくれた言葉だそうです。きっと子どもに愛を無償で注いできた母親なのだと思います。そんな母親がいても、作者はいったんは自殺に追い込まれそうな心理状態になったと著書で告白しています。このような手強い日本的システムに絡めとられずに生きるのは、親子ともに大変なことなのだと思います。

母親に養育を頼る社会の限界

日本は母親の養育力が高い社会だといわれています。ヨーロッパに歴史的にみられる多様な家族像から、エマニュエル・トッドは親子関係が自由主義的か権威主義的か、兄弟関係が平等か非平等主義か、という二つの視点を用いて四つに分類しました（＊12）。四つの家族類型とは、親子関係が自由主義で兄弟関係が平等な「平等主義核家族」、親子関係が自由主義で兄弟関係が平等でない「絶対核家族」、親子関係が権威主義で兄弟関係が平等な「（外婚制）共同体家族」、親子関係が権威主義で兄弟関係が平等でない「権威主義家族」、となります。

この分類をするにあたり、トッドは地域ごとの多世代同居率を親の権威から子どもが自由であるかどうかの指標とし、遺産相続慣習を兄弟間の相続が平等かどうかの指標としました。その指標を地域単位でデータを積み上げたとき典型的な社会は、「平等主義核家族」が優勢となる国がフランス、「絶対核家族」がイギリス、「権威主義家族」がドイツ、「（外婚制）共同体家族」がフィンランドなどとなっています。

ちなみにトッドは日本を「権威主義家族」に分類しています。現在同居率が高いかどうか、ということではなく、その価値観が家族をとおして継承されているという議論です。トッドによると、この家族型は継承を優先させるために家庭内の教育が重視され、母としての女性の地位が高まります。ヨーロッパではドイツやスウェーデンなどが「権威主義家族」であると分類されており、両国も識字率が高かったという歴史的データが示されます。「権威主義家族」が主となる社会では、母親が直接に子どもたちに読み書きを教える必要があるというよりも、「教育的な雰囲気、精神的、学業上の規律に対するある態度の創造」をするように期待されるといいます。

しかし、トッドも指摘しているように、産業革命は「権威主義家族」が主流の国が主導したとはいえません。「権威主義家族」における母親の教育とは、読み書きのような既存の知識を伝える点では適していても、新しい発見を奨励するものではないからでしょう。戦後の日本の教育とは、西洋から科学技術を取り入れて改良し、優れた工業製品として合理的に量産すれば経済的に儲かる時代に適合したものでした。産業のあり方が大きな変革期を迎えるとき、この家族システムによる養育にも限界が近づいていると意識している母親が、日本にどのくらいいるでしょうか。

自分の時代に通用した資格や技術、よい就職の観念をいとも簡単に子どもたちに押し付ける親たちを見ていると、ほんとうに残念に思います。自分が情報を集めて息子を守ってあげなければと熱意を傾ける母親の自信の根拠は、どこからくるのでしょう。外で働いた経験もほとんどない母親が息子に示す「よい職リスト」とは、親族がやっているからとかマスメディアや知人や母仲間からの伝聞情報という、じつに怪しい噂レベルのものでしかなかったりします。それなのに多くの母親たちは「こうしたほうがいい」と明確な意見を子どもに押し付けています。それがいやで就活中一切親に話さないと言う学生もいました。

さらにうんざりするのは、その子に適しているかどうかではなく、ひたすら「世間から立派に見えるか」を判断材料にしているのが垣間見えるときです。イエの格にみあった職でなければ、とか、将来結婚するのにふさわしい職、とか。息子には娘にはないハードルが課されます。一見反発しているように見えても、就職活動期の子どもにとって親の存在は大きいものです。社会経験のある大人に強く言われれば、本人がしっかり考えていても心のなかは揺らぐでしょう。迷惑な熱意の押し付けと戦いながら就職活動をする子どもの身にもなってほしい。親の説得が面倒でもあるからでしょう、日本の大学生に人気のある就職先は名の知られた大企業や公務員となります。親に文句をいわれることのない就職先に集中するのです。いま著名な企業群はいつまで将来を保証してくれるのでしょうか。

私は近い将来消えてなくなるかもしれない職業のリストを示して学生に進路を考えさせることもありますが、いまほど不確定な時代にどの職業につけば安泰かなど、明快に指南する自信は到底ありません。ミレニアル世代にはまったく違う未来が見えているのではないかと彼らから教えてもらうことのほうが多いです。旧世代の母親がいくら子どもを愛していて、よかれと思って将来安心の職をすすめても、未来はとても不透明な時代。まして、どんなに「安定して稼げる」職がわかったとしても、その子の個性から大きく外れていては、子どもの幸せにつながるとは思えません。親だからといって正しい判断ができると思ったら間違いです。

しかし、イエの仕事として子育てをする有償の母の愛は、成り立ちからして目標に「子どもの幸せ」を掲げることがむずかしい。まさに、カレル・ヴァン・ウォルフレンのいう『人間を幸福にしない日本というシステム』は、ここから生起しています（＊13）。だからこそ、人間とはわかりがたいものであり複雑な存在であるという、謙虚さを取り込んだ養育システムの大切さに、急いで気づいてほしい。

私は子育てを究極のボランティアだと考えます。これを無償で親たちにやってもらうためには、母親が自分の人生を損なわなくともすむような、現在とは比較にならない安定した有償の支えを拡充する必要性が社会に求められていると思います。現在では無償で子育てに時間を割いたからといって、その間の無償労働は年金には反映されません。しかし、女性の無償労働で育った子どもが、将来の年金を払う人になるのです。いくらボランティア精神にあふれた人でも、楽しみがあるからというだけでやる気を持続させるのは大変です。母の愛が無償ですむように、有償の支えを拡充する覚悟が社会に求められています。

【文献】

＊1　内閣府「共同参画」２０１９年5月号（http://www.gender.go.jp/public/kyodosankaku/2019/201905/201905_02.html）

＊2　松信ひろみ編著『近代家族のゆらぎと新しい家族のかたち［第2版］』八千代出版、二〇一六年

＊3　品田知美「〈労働〉の贈与/unpaid work概念の成立」『情況 一九九九年一二月号別冊――現代社会学の最前線（2）』情況出版、一九九九年

＊4　アン・オークレー『家事の社会学』松籟社、一九八〇年

＊5　橋爪大三郎・大澤真幸『げんきな日本論』講談社現代新書、二〇一六年

＊6　米村千代『家の存続戦略――歴史社会学的考察』勁草書房、一九九九年

＊7　橘木俊詔・参鍋篤司『世襲格差社会』中公新書、二〇一六年

＊8　厚生労働省「平成29年版自殺対策白書」（http://www.mhlw.go.jp/wp/hakusyo/jisatsu/18/index.html）

＊9　（独）労働政策研究・研修機構『データブック国際労働比較（二〇一六年版）』二〇一六年

＊10　汐街コナ『「死ぬくらいなら会社辞めれば」ができない理由《ワケ》』あさ出版、二〇一七年

＊11　汐街コナ、前掲書、二〇一七年

＊12　エマニュエル・トッド『世界の多様性――家族構造と近代性』藤原書店、二〇〇八年

＊13　カレル・ヴァン・ウォルフレン『人間を幸福にしない日本というシステム』毎日新聞社、一九九四年

第4章

イギリスに「いい息子」はいない？

ジェントルマンの予備軍たち

二〇一七年夏、研究のためにしばしイギリスに滞在し、ロンドン中心部から離れた郊外など、観光地とは無縁な場所を訪れて家族の日常生活を見聞きしていました。これまで私は、日本と欧米の家族を、どちらかといえば資料やデータを分析しつつ比較する研究は重ねてきましたが、今回はインタビューや観察調査を行うための滞在でした。子育てをする家族って、どの国でも似たようなショッピングモールや公園のある地域に好んで集まるんだな、と共通点も感じました。けれども、住環境が似ていても母親たちから話を聞いてみると、子どもに対する態度がどうも日本とは決定的に違うという印象を持ちました。

ふと湧き上がったのがイギリスには「いい子」っているんだろうか、という素朴な疑問です。昔は世界中に「いい子」がいるに決まってる、と当たり前に感じていました。かつて、『イギリスのいい子日本のいい子』(＊1)という本にずいぶん感銘を受けて熟読した記憶もあります。日本の子どもは自己主張すべきところでできずに、自己抑制を求められて育ち、イギリスの子は自己主張しつつ自己抑制できるよう育てられると、この本では主張されていました。その説にとても納得していたのに、ちょっと待てよ、と感じ始めてしまったのです。日本を知るために、イギリスから眺めてみよう、というわけで、この章では「いい息子」ってなんなのか、という疑問を探ってみたいと思います。

「いい子ってなんだ」

ここ最近すっかりハマって繰り返し聞いてるラッパーSALUの、「堕天使パジャマ」という曲には、こんな歌詞がでてきます。

「いい子にしてな」
「いい子ってなんだ」
「そうやってむずかしく考えなさんな」

日本人にとって、「いい子」ってものすごく馴染むフレーズですよね。でも英語的に考えると、とても奇妙なことになる。Good kid？　うーん、ヘンだよな。何がいいの？　って言われちゃいそう。Nice guyとはいうけれど、それってママがいうわけじゃない。「あいついいヤツだよな」って仲間でいう言い方は英語にもあるけれど。
「いい子」って、基本的にはお母さんとかおばあちゃんとか、保育園や幼稚園の先生とか。どちらかというと、大人の女性に上から目線で子どもが言われるシーンでぴったりくる言葉なんですよね。「いい子」の中身は大人にとって都合がいい、どちらかといえばおとなしく素直にいうことを聞く子どものイメージが浮かんでくる。だから、「いい子ってなに？」と聞いたり口答えする子なんて、もってのほかの〝悪い子〟になってしまいます。

私は子どもの頃からイギリス児童文学好きなので、ハリー・ポッターのシリーズは日本語訳が待ちきれず理解しきれないまま英語で読んでいたのですが、強烈に印象に残っているのはハリーが先生のいうことを聞かない子だった、という設定でした。ハリー・ポッターはウィーズリー家の双子のような悪ガキではないけれども、「いい子」とはいえない気がします。でも、結果的にはハリーはすごいヤツ、なわけで。先生のいうことを聞かない子どもの逸話がハリーのシリーズには溢れている。

イギリスの男の子は父と過す

イギリスでいろんな家に出入りしていると、ゲストである私をホストしてくれる担当者が妻でなく夫であることもめずらしくありませんでした。日本だと平日はたいてい父親不在なので、平日の夕方に男性に会うことはほとんどありません。でも、イギリスでは夕食に父親がいるのが普通のようです。

二〇一七年の国際生活時間学会（IATUR）で、日本では、子どもがいる家族が共に食事をしなくなっていると学会報告をしたのですが、欧米では逆で、家族が食事にそろう機会を重視するようになっているとコメントされました。お父さんは仕事が忙しくてなかなか早く帰れない、と話すと「どうして？」と必ず聞き返されます。なんのために家族で暮らしているのか、と理解に苦しまれてしまう。対面で話していっしょに時間を過ごさないと家族生活をしている意味がないとみんな感じるようです。日本人の長時間労働については、「ＢＢＣの特集番組を見たから知っているよ」、と街のランドリーショップの店員さんに同情されてしまう。あまりにも有名な働きすぎの日本人。

イギリスの父親は休日にも子育てに参加します。土曜日の朝に息子のサッカークラブの練習があると、いつも父が送っていきそのまま見学をして帰って来るから、母親がサッカークラブに行くことはめったにない、と話してくれた女性は専業主婦で夫のみの片働きです。サッカーは父の趣味を兼ねた子育ての時間になっているそうです。もちろんクラブから母親が手伝うことも求められていない。これなら共働きで忙しいからと、サッカークラブに子どもが入ることを諦めなくてもよさそうです。

でも、平日は毎日夜遅くまで仕事して疲れて帰ってくる日本の父親に、週末の早朝に子どもを連れて出かけて、といったら確かに酷でしょう。がんばって週末も子育て活動をしている父親が日本に数多くいるのは知っていますけれど。イギリスのように、毎日平日の帰宅が夕方六時ならば、週末の朝八時に子どもを連れても行けるでしょう。父が同居している家族ならば、子どもと過ごしている時間は長いのです。もちろんイギリスにはシングルマザーも多いけど、一緒に子どもと過ごしてくれる男性の友だちがいたりする。父は一緒に住んでいるけれどもいつも不在、という日本のような〝隠れシングルマザー状態〟にはなりにくいのです。

そうなると、母親との長く濃い時間がえんえんと続く日本のような状況はあまり生じません。母親と息子の近しい期間はわりと儚くも短い。そのかわりに、様々な「父と子の物語」が成立する。

ハリー・ポッターシリーズ最終巻のあとに出版されて話題となった『ハリー・ポッターと呪いの子』（静山社）は、まさにハリー・ポッターが父になった後の息子との葛藤と和解のストーリー。母親はあくまで登場人物の添え物にすぎません。もしもハリー・ポッターが日本にいる設定だったら、そのような描き方はできないでしょう。ハリーが勤めているのは魔法省の役人という設定なので、中央官庁の官僚です。日本なら毎日終電前にやっと帰る、みたいな職場ですから。家に父が不在だと会話の描写場面も成り立ちません。逆にイギリスで母と息子の関係性を描こうとしても、あっさりしてしまいそうです。

「孝行息子」の集合意識

日本とイギリスで、母からみた息子への期待はどこが違うんだろうという目線から考えてみます。日本で大人になった「いい息子」のイメージを考えてみると、「孝行息子」がぴったりくるでしょう。少し昔であれば稼ぎを得て結婚し、老いた親の面倒は嫁にみてもらうような息子です。母を大切にしてくれるような嫁を選ぶのが「孝行息子」になります。現代なら嫁にまかせるのではなく、介護サービスの手を借りながらでも自らが世話をかってでる。親のための努力を惜しまないといったところでしょうか。

お金を送金するというだけでは、なにか「孝行息子」になるには足りない感じがします。やっぱり直接対面したり、接触を持ちながら常に気にかけて世話をしなければ、「孝行息子」とは呼ばれないかもしれない。だから同居したり、しなくても近くに住んで世話をする関係が維持できたら「いい息子」になれる。

ところが地方出身だとうまくいきません。母親が期待する「立派な息子」は、稼ぎがよい職業につくので、都会に出てしまうことも多いからです。そして息子の住まいが遠くに離れてしまいがち。遠距離でも足繁く通わないと「孝行息子」らしくはならない。少なくとも盆暮れには孫の顔をみせに連れていく。息子のうち一人（だいたい末っ子）がそばにいて世話していても気持ちが満たされず、「長男よ、いつ帰ってくるのか」と待ち望んでいるままに、人生が過ぎていく親もめずらしくありません。長男規範は地域によってはいまだ強固に持続しており、墓を誰が継ぐのかという悩みも絡んで親と子のすれ違いを生んでいます。

ところで、お盆というものの始まりは、釈迦の弟子の目連《もくれん》が自分の母が亡くなったあと餓《が》鬼道《きどう》に落ちていることを嘆き、釈迦にどうすれば母が救えるのか尋ねたところからきているという説があるそうです。先祖を供養する行為とは、広く他人に食物をほどこすと母親が救われるからなのだとか。日本のお盆には成り立ちからして、母と息子の濃い関係性が埋め込まれているのでした。「孝行息子」は親が亡くなったあとも墓に通い、先祖を供養しつづけなくてはなりません。日本を社会として成り立たせている集合意識が、ここに見出されるのです。

男の子を甘やかすアジア系の母親

では、イギリスで男の子はどんな育てられ方をしているのでしょう。女の子と差があるのでしょうか。三〇年にわたりロンドンの小学校で家族援助に携わってきた知人に、話を聞いてみました。多様な人種が暮らす地区に住んでいて、様々なエスニシティの親子を観察している彼女は、アジア系全般、とりわけアラブ系の母親には、男の子に対する特別な甘さがあるといいます。やはり、ブリトン系白人の母親の方が、息子と娘に比較的平等に接するそうです。アラブ系の母親は息子をいつまでも「もう、ダメな子ねえ」というような扱いをするというのです。逆に女の子はあれこれ手伝わされるので、しっかりするとか。悲しいかなアジア系の男女不平等源泉はここにあり、かなと思わせられました。英語的には男の子はスポイルされる、というでしょう。

それでどうなるかというと、「男の子のほうが自信のなさげな子になりがち」なのだそうです。でも、ママからすれば「いい子」でもありますよね。きっと将来も母親を大切にしてくれるはずの優しい子。日本のママたちが口にするのは、「息子に彼女ができて、ちょっと寂しい」。ましてや結婚なんかしたら、「とっても寂しい」。まさに恋人を取られてしまったかのようなセリフが次々に出てくるのですが、イギリスではそういう感覚はみえてきません。インタビューをした人で息子たちがティーンエイジャーになって、自分といっしょに過ごしてくれない、と嘆いている母は、やはりアジア系のルーツを持っている人でした。

ところで、イギリスの男の子には幼い頃から一段階厳しい教えが課せられています。それは、よくもわるくも「紳士たれ」という社会全体の強い圧力なのです。駅で道を急ぐがゆえに、周囲の人にぶつかりながら急ぎ足で仕事に向かうような日本で見かける男性は、サイテー扱いされると思います。周囲に気を配り、荷物が重そうなら自分が重い荷物を持っていても声をかける。後の人のためにドアを必ず押さえて待つ。不慣れな私などはイギリスで、明らかに急いでるビジネスマンが、先にドアを開けて押さえて待っているのに、ボーッとして気づくのが遅れて待たせてしまい、申し訳なく思ったりもします。身体が慣れていない。

もちろんジェントルマン行動を女性を弱者とみなすがゆえの差別であると考えることもできるでしょう。でも周囲によく注意を払いながら、みんな親切のタイミングを探している。男も女もそうであるべきだけれども、特に男性こそそうであるべきという規範があるのです。

幼かろうとなんだろうと、「立派な紳士」ぶりたい男の子たち。家を訪問しようものなら、できる限りホストしてくれます。もちろん母親に対しても祖母に対しても、他人に対すると同様に、わがまま三昧する様子もなし。もしそんな風に甘えた態度をとったら男親が怒るでしょう。女の人にそんな態度をとっちゃいけません、と見本を見せるのです。

日本で子どものいる家族を訪ねたら、客に母親を取られて拗ねる幼い子どもは普通だし、客も子どものことを、とりたててわがままとは思わないでしょう。母と子の一体的緊密な時間に他者が割り込むのですから。下手をすれば日本だと、成長した〝男の子〟である夫がそういう態度を見せることもあります。自分がホストになるどころか、ゲストが来ると家族から母親というお世話役が奪われることになる。だから、夫が家にいるとき妻は友人知人を呼ばなくなり社交の機会は減るのでしょう。

「いい息子」よりもジェントルマンに

イギリスにいい息子はいなくても、ジェントルマンは確かにいるのです。別にそんなに格式張っている人たちというわけでもなく、津々浦々で出会います。現代では階級と関係なく、よき振る舞いの規準となっているのでしょう。あるいは余裕のあるフリをしているだけかもしれないけれど、その方がカッコイイ、という規範は若い世代も例外ではないようです。イギリスの夫たちは、子どもに紳士たる見本をみせるため、自ら妻に優しい態度をみせるのです。

一週間ほど滞在したホストの夫妻は、すでに家を巣立った子どもが近隣に住んでいて、娘が仕事をするとき、定期的に孫を預かっていました。そこで交流した七歳と五歳の、いってみれば悪ガキぶりまっさかりの子たちも、ゲストの私に対して親切なホストぶりを発揮していました。祖父母の目を盗んで食卓でいたずらをしているような子たちなのに、さよならの日には、私の部屋の前に庭から摘んだいい香りのする花束を、そっと置いて去って行ったのです。なんだか泣いてしまいそうになりました。この年齢で、来客の女性にそんなことをする日本の男の子がいたら、逆に不気味です。でも、ここイギリスでは不思議に感じません。そこらじゅうで男性が花束を持って歩いているのですから。ヨーロッパ中がそうではありません。

実際にその家庭では、定年退職した夫が仕事や奉仕活動で忙しい現役の妻を支えています。夫は週末にはユリの花束を購入して妻にプレゼントをします。客の私に対しても、常に働きものの妻のことを言葉に出してねぎらいます。言葉にとどまりません、朝ごはんをセットし、部屋と庭を整えるかたわら、認知が衰えた近所に住む自分の母親を毎日訪問しているのです。祖父がそれをやってたら、子どもや孫は少しくらい真似もするでしょう。恐るべし、イギリス人男性。

どんなに社会的な地位があろうと、人間として日々の振る舞いや行動がジェントルマンたりえているかどうかを、常に家庭でも公共の場でも試されるのだから、イギリスは男性にとってある意味厳しい社会だといえるでしょう。日本人男性は幼い頃から母親に甘やかされているのみならず、社会がそのまま甘やかしつづけます。死に物狂いで出世競争に勝ち抜けば、身近な人々に無骨な振る舞いをしていても許されるからでしょう。地位が高ければ、まさに気づく機会が失われていくのです。若かりし頃妻に優しく振る舞っていたはずの夫も年月を経るにつれ、尊大な振る舞いを身につけてしまうのは偶然ではありません。

男の子教育のツボが日本とイギリスとでは劇的に違ってくるのも道理です。イギリスでは、社会で認められるためにも、まずはよき振る舞いができる人になることが優先されるでしょう。そのとき、小学生時代に中学受験に備えて塾に通いつめる教育を授けても、社会性が身につかないと考えられるのではないですか。家に人を読んでホームパーティをしたり、多様な人のいるなかでホストとしてどういう振る舞いをするべきなのか、といったこと自体が教育の優先課題になるからです。

日本など東アジア型教育は、親や教師が勉強を押しつける傾向があると、イギリスではよく知られています。子どもにpushするのはよくない（親の希望を押し付けてはいけない）と力説する親たちに何人も出会いました。「将来勉強したいかどうか、高等教育に進むかどうかは本人次第」と語る親たちからは、口先だけでない本気の覚悟が滲みます。日本の親のように、押し付けていないと口にしながら、本人の希望に任せるつもりはない人が多いのと対照的です。イギリスの子どもたちは自分の希望を明確に言葉にしますし、その希望を尊重した上で、親は話をします。日本の子どもは自分の意志を主張できない子も多いのですが、主張をすると子どもの判断を尊重した情報共有をするのでなく、その判断がいかに間違いであるかという情報提供に走ってしまう親が多いと思います。反対にイギリスでは、結果的に、時代を先取りした判断は増えるでしょうし、男だからとか女だから、といわれる機会は少なくなります。

社会でリスペクトされる大人になるにはどう育てたらいいのか、気を使っているという点では、日本もイギリスの親も同じです。でも、そのリスペクトのされ方が社会で決定的に違うのです。日本だと、高偏差値大学に入るととりあえずよかったね、という発想になる。でも、イギリスでは日々の振る舞いのジェントルマン度が高いかどうかを、親はもっと気にするでしょう。

ブリッティッシュらしさとはなにか

三週間ほどの滞在を通して、いろいろなルーツを持った子どもたちと会いました。ナイジェリア系、パキスタン系、インド系、南アフリカ系、そしてもちろんブリトン（アングロ・サクソン）系。インタビューをしていると親の育て方は実に様々です。しかし、どの子もブリティッシュな共通の何かを感じさせてくれました。子どもたちはここイギリスで育っているのですから、親たちの意識にかかわらず、どうしてもブリティッシュ仕様になってしまうわけです。

夫や子どもの親切なホストぶりに加えて、特に印象に残った日英の違いがもう一つあります。親から離れて住むべき、という規範の強さです。すでに家を巣立った子どもが近隣に住んでいても、子どもが一八歳をすぎて親と同居している家族には、一例たりとも出会えませんでした。経済的に苦しかろうとなんだろうと関係ないようです。たとえ、一〇分くらいのところに住んでいても、別々に暮らすのです。親の方から拒否している場合もあれば、子どもの方が拒否している場合もある。「どうしていっしょに住まないの？」と単刀直入に聞くと「ここイギリスではそれが普通だから」とのことでした。家も広いし部屋も余っているのに。日本だったら一〇〇％同居しているな、と思う親子関係でも、成人した子どもと同居しない。まして絶対に三世代同居にはならない。

イギリスの親子関係をシンプルに説明したいとき、私は「三匹の子ぶた」を紹介することがあります。「三匹の子ぶた」はイギリスの昔話に基づいたストーリーで、一九三三年にディズニー映画で有名になりました。「三匹の子ぶた」の母親はある日、三人の息子に家をでて自活するように言い渡します。息子たちはそれぞれ、わらの家、木の家、レンガの家を建てるのですが、労働を厭わずに強固なレンガの家を建てた弟ブタが狼を撃退するという、よく知られたお話です。親からの自律を期待される息子たち。そして、立派な息子もいれば、愚かな息子もいるという平等でない人間観（＊2）が、短いストーリーにしっかり仕込まれているのです。

　このお話にもあるように、イギリスで母親が子どもに自活を言い渡すかどうかにかかわらず、「それが当たり前なので」、子どもは家を出て行きます。その後にやっていけるかどうか、必要なら手助けするよ、とは言いつつも後は彼らの人生だからと言い切ってしまいます。

　大学など高等教育の資金を親が用意できなくても負い目は感じなくていいのです。もちろん、一九九七年までは無償ですらあった年間の学費は、二一世紀初頭には一〇〇万円を超えるほどにまで高騰し、ここイギリスも大学への入学準備をするために相当のお金が必要な世界になってしまいました。けれども、大学に行くべき学力があるのに金銭的な問題でもし行けなければ、社会が公正でないからだと発想する人が多いのです。結果として、イギリスの息子たちは親元を早々に去り、親の顔色をうかがう必要もなく社会に申し立てを行います。気候変動や不安定な世界に対しても激しいアクションを行って異議を示す若者たちがたくさんいます。

　それに対して、日本の親は教育の責任を自ら負担しようとします。一所懸命子どもの学費を捻出するために、必死に働いている人は多いと思います。日本の親たちがそのために払う犠牲は甚大ですが、子どもはどこかで感謝をしており、経済的にも依存しつづける結果、大人に楯突く必要はなくなります。

イギリスではお金を出さなくてもいいのと同時に、母親が息子たちのお世話をしつづける必要はありません。障がいを抱えた小学校高学年の息子を、現在は生活扶助を受けながら付きっきりで面倒見ているシングルマザーに「息子が大人になったら、どんなふうに過ごすつもりなの？」と聞きました。「もう自分は自由になるので、彼氏と楽しく過ごす」、と明快に答えてくれました。社会制度の違いもあって日本の母親からはなかなか出てこないセリフでしょう。

こういった感覚が広がっている結果、アングロ・サクソン社会では放り出された若年ホームレスが問題化します。自分で稼いで生きていける年齢になっても親と同居しているという状況が許容できない社会では、仕事がなく生活できない状況でも、成年になれば出て行かざるをえないのです。親は期限付きの重荷を背負えばよいという安心感がどこかにある。出生率の差はこんなあたりからも生まれていると感じました。

【文献】

＊1　佐藤淑子『イギリスのいい子日本のいい子――自己主張とがまんの教育学』中公新書、二〇〇一年

＊2　エマニュエル・トッド『世界の多様性――家族構造と近代性』藤原書店、二〇〇八年

第5章

母は稼いで世話もする

「ダメ息子」と「しっかり娘」のお約束

『サザエさん』以来の新聞連載ファミリー漫画の系列にあって、西原理恵子の『毎日かあさん』は新鮮な驚きをもたらしてくれました。『ちびまる子ちゃん』でも『あたしんち』でもそうですが、ファミリー漫画に出てくる母は、多数派でもないのにいつも夫だけが稼ぐ片働きの専業主婦でした。『毎日かあさん』は、自ら稼いで子どもの世話もするシングルマザーの日常を描いています。ちなみに作者の出身地は高知県。四七都道府県別の相対離婚率という指標では上位に入っていた離婚の多い土地柄です。西原さんもひとり親二世代目。ただし離婚が増えているといっても、日本ではまだ少数派にとどまっています。それなのに、二人親の専業主婦しか登場しなかったファミリー漫画の世界に殴り込みをかけた『毎日かあさん』が人気をつかんだのはなぜか。日本の母と息子という関係性からみると、王道を歩んでいる内容だからだと思うのです。今回は『毎日かあさん』に仕込まれている母と息子のエピソードを中心に拾いつつ、日本に登場した次世代型の母親像を考えてみます。

父の不在から男捨離へ

日本のたいがいの家族には父の姿が日頃からみえません。それでも家庭内別居とすら認識されていない、父が不在の長い時間。結婚当初はともかく、子どもが生まれてしばらくすると夫と妻の意識はすれちがい、妻は母役割に移行して子どもとの情緒的な関係をつくりながら、夫婦間はサバサバした経済／生活能力の交換という関係に変わっていく人が多いでしょう。「亭主元気で留守がいい」はいまもおおかた真実だし、夫婦の情緒的なつながりはそれほど強くありません。配偶者との離死別は男性にとって寿命を縮めたり自殺願望を抱きやすくなったりするといわれますが、女性はそんなこともないようです。

となると、母が稼げるようになったとたん父が〝男捨離〟対象になってしまうのも、しかたがないかもしれません。個人的な見立てでは、稼げてかつ生活能力の高そうな女性に結婚願望を抱く男性は主に二タイプ。この人なら稼いで世話もしてくれそう、という強い女性に頼って依存して生きたい人、もう一つのタイプは自分も稼げるし生活能力もあるなかで、同じように歩んでいけそうなパートナーを探している人。西原さんの亡くなった前夫はどちらかというと、依存したいタイプだったようにみえます。

でも、ここが肝心なのですが「強い女性に頼って依存して生きたい」男性が好きになる女性は、自分が稼いで世話をすることで、精神的には男性に依存していたりもします。いわゆる共依存ですね。どんなカップルにも共依存的なところが少しはあったりするのでしょうが、ドメスティック・バイオレンス（ＤＶ）に陥っているカップルは重度に共依存に陥っている可能性が高いのです。西原さんは前夫がアルコール依存症で、彼からＤＶを受けていたと公言しています。子どもが生まれた直後にもかかわらず、描いている漫画を破られたこともあるとのこと。当時は共依存の罠にはまっていたのかもしれません。強い意思で男捨離しその罠から抜けたのですから敬服します。

DVとは夫がか弱い妻に暴力をふるうものと考えている人がいるとしたら、それは違います。殴らずにはいられない男たちとその妻への生々しいインタビューをまとめた本に出てくる妻は職業を持ち、聡明でかわいらしい、という例が目立ちます（＊1）。世話をするのが生きがいという女性は、働き者で社会でもうまく立ち回る人なのです。DVは日本でも、結婚したことのある女性の三人に一人が経験（＊2）しているというほど日常的なできごとです。

これまでの人生で、DV被害を経験した人と何人も出会いました。被害にあった当事者は、美しくて情が深く働き者で頼り甲斐のある女性ばかり。もちろん被害者は女性とは限らないのですが、現時点では女性の割合が高いのも確かです。被害者である女性が、必ずしも経済的に夫に依存していなくてもなかなか別れられないのは、その依存関係が精神的なものだからでしょう。

夫から息子愛への移行

男捨離しサバイバルしたDV被害者の妻は、もちまえの愛情と働き者ぶりを、仕事と家族の維持に注ぎ込みます。そうすると一番愛情をかける対象者が息子になりやすいのです。もしかすると逆なのかもしれません。息子が産まれると妻が愛情を子どもに注ぎます。大人の男性ならここで父親となり、ともに子育てをするでしょう。ところが、大人でない男性からみると、全力で愛情を注ぎつづけてくれると期待していた妻に裏切られたように感じるのでしょう。嫉妬心に苛まれた夫は父になりきれずに妻に甘えて暴力をふるうという事象の出現です。もともと「大きい子ども」として妻と結婚してしまっているタイプの男性が直面する悲劇ですね。ちなみに、このときに妻が子どもよりも夫への愛情表現を優先させると、子どもの虐待にいたるでしょう。稼いで世話もする力のある女性であればそうならなくて済みそうなものですが、乳飲み子をかかえて生きていくのは大変で、夫と子どもの間で立ち往生してしまう女性がいても不思議ではありません。

『毎日かあさん』は稀にみるほどリアルに描いた、子どもを成長させていくファミリー漫画でしたので、移行していく息子愛の一端を垣間見せてくれます。誤解のないように付け加えておくと、漫画とは虚構の世界ですし、ご自身でも語っているように西原さんは、あえてつくウソを楽しんでいるので、現実かどうかなどわかりません。でも、自らの家族と地域生活を世間にさらしてネタにしながら、母たちのツボにハマるポイントを見つけ出し描かれた表現はかなりリアルですし、日本の母と息子像を表象していると捉えてよいでしょう。

そもそも論からいうと、子どもの周辺をネタにするという母子関係も昨今のトレンドではありふれたものとなりました。インスタグラムの世界でも子どもとペットは定番の画像として溢れています。子どもが成長したときに、これから問題化するケースもあると心配になります。

『毎日かあさん』が大新聞で連載し続けられたという事実を裏返してみると、母親が子や夫のプライバシーに配慮する必要は特段ないと、世間も考えているからなのでしょう。母と子が一心同体だと考えるから許される行為でもあるのです。子どもどころか西原さんは夫を家事・育児ができるようばっちり「しつけ」てしまった奇跡の主婦を「トップ・オブ・ブリーダー」と呼んでいます。リスペクトした上でのジョークですけれども、私はこういうネタであまり笑えません。

また、西原さんは、「息子や娘の悪口は『大好きな恋人の悪口』なんです」（*3）と語っています。いまは恋人である高須クリニック院長のことを、世間に向けてクサしてみせるのも、愛があるゆえなのでしょう。そういう愛の表現を日本人は歓迎してきたと思います。人前で家族を褒めることは、一般的ではありません。夫は妻のことを愚妻と呼び、妻も夫を立てているようで裏でこき下ろす、子どもの醜態をさらす。そうしつづけていないと、「家族の自慢をしてる」と嫌がられます。身内自慢はご法度です。でもそれは、身内愛があるがこその裏返しと受け止められるのです。

〝アマエ〟で理解される日本社会論で一般に指摘されてきた通り、親族や身内だと驚くほどに無条件に甘えてよい関係となるのです。私は育った家族にこの関係性がないため心底苦手ですが、ときに真綿にくるまれているように心地よいものだという感覚を、結婚相手の家族を通じてはじめて知りました。

いっぽう、アメリカで子育てしている知人が家族について話すのを聞いて、身内だろうと何だろうと褒めるので、「ご家族ともどもよい一年でしたね」と反応すると、「いや、そうでもないんだけども、そういう風にいいことを並べることになっているからね」と言われるほど感覚が真逆です。無条件に家族を一体視してはいけない、という規範が社会にある米国だからこそ、自分の家族のことでも他者として堂々と褒められるのでしょう。

「ダメ息子」と「しっかり娘」のお約束

『毎日かぁさん』が時代の鏡であるならば、子育てにおけるジェンダーのギャップはまさに拡大中だとも言えそうです。『サザエさん』『ちびまる子ちゃん』『あたしんち』で展開されるゆるゆるとした男の子女の子区別など目じゃない、明快な性差別表現のオンパレードだからです。実際、「ダメ息子」と「しっかり娘」という定番のオチは、西原家に限定されずに保育園でみる一般の子どもの様子として描かれています。たとえば、保育園にお迎えにいくシーンの冒頭では（＊4）、「女の子はおひめさまやおままごと。育て分けたワケでもなく自然と遊びが分かれている」という解説からはじまって、「園庭のすみに3〜4人ほど毎日必ずドロの中にすべり込んでカキフライになっているお子達」が年中／年少の女の子にさえも「男の子ってやーね」「ほんとね！」と揶揄されるおバカな面々であるという描画があります。

ほかにも、「共感」（＊5）というコマでは、男の子のぶっとびエピソードが連続します。「犬のウンコを食べた」「家の二階をこわされた」「小4でお母さんべったりの甘えっ子で風呂に入る」という具合で、オチは「漫画を描き始めて話しかけてくれるのは男の子のお母さん」と締めくくられます。

さらに、強烈なセリフの一コマ漫画では、

「息子は犬くさい」

と頭を撫で、目を細めてかわいがる母と息子の笑顔のツーショットが描かれます。息子がめちゃくちゃかわいいんだろうな、と確かに思わせますが、そのかわいさは溺愛されるペットの領域に達しているという心象が読者に植え付けられます。そして、すぐ次のページには「ウソ泣き」する娘にだまされない、という内容を扱った漫画があります。幼くても娘はすでに「自分に気のあるまぬけ男」や「父親」を騙すテクニックを持っている女で、母親にはその手が通じないから「うそ泣きするな」というオチとなっています。女性を小悪魔化して描く手法は、聖女扱いと同様に伝統的なジェンダー秩序維持を望む人々にとっての定番です。けれど、娘のことは幼い頃から（自分と似ている!?）対等な人間として扱っている、という意味では、この漫画は女性を持ち上げているともいえます。

「ダメ息子」と「しっかり娘」のネタで人気を博したツイッターとしては、「#アホ男子母死亡かるた」などがあります。昔から繰り返されていた男の子のおバカぶりを嘆き合う井戸端会議を、誰もがＳＮＳで発信／受信できる時代、目にみえて存在感を示すようになりました。これが第三波フェミニズムを経た社会の語りであると考えると、かなり絶望的な気分になります。なぜ、「#アホ女子父死亡かるた」、にならないのでしょう。女の子にはアホでいる自由すらないのですね。「母死亡」という自虐は、「アホ息子」に苛まれる自己犠牲を楽しむ「マゾ母」宣言にしか、私にはみえません。

男の子は劣化するのか、させられるのか

男女間に生物学的な差異がある程度存在するという事実に、私も異論はありません。でも、生物学的な違いさえもときに曖昧になるほどに、人間の性のありようは多様です。それなのに、生まれ落ちた瞬間から人は男女を区別して扱われ、あらゆる言説がジェンダー化されている社会で子どもたちは育ちます。保育園で「自然に」遊びが分かれているようにみえても、すでに生まれ落ちたときから恐ろしいほどの不平等が与えられ、三歳にもなればもう男女二分割の世界にそれぞれ放り込まれているのが現実でしょう。それでも、社会や文化がつくりだした性別役割は地域や時代によって劇的な違いがありますし、人間の個性はいとも簡単に男女の二分割を乗り越えてしまうほどユニークなものだと、日常の観察や学問的なエビデン

スからは明らかです。

ところで先進国では共通していまや「男子の劣化」が問題になっており、アメリカでは歴史上はじめて三〇歳未満で、学力的にも経済的にも女性が男性を上回りつつあるようです（＊６）。代わりに男性が育児や家事を劇的にするようになったかといえば、そういうこともなく、育休をとることすら不名誉であるとみなされてしまう状況が続いています。結果として女性は全世界で「稼いで世話もする」ようになりつつあるといえます。

ただし、日本は四年制大学への進学率で男性が女性をいまだ上回る先進国ではめずらしい社会です。お約束のように広く語られる「ダメ息子」と「しっかり娘」は、成長の途中のどこかで、するりと入れ替わりを迫られているわけです。そんなに簡単に「ダメ息子」が真面目に勉学にはげむようになり、「しっかり娘」が脱落していくのだとすれば、まるで手品のようではありませんか。手品には必ずしかけがあるものです。

たとえば、振り返ると私の時代には県立高等学校なのに定員に男女差別がありました。露骨にも、定員は男子二人に対し女子一人の比率でした。旧制高校時代には女性が入れなかったのに比べればこれでも十分だろう、ということだったのでしょうか。人口比ではありえない進学校定員の差別状態は、憲法で男女平等がうたわれた戦後に四〇年間も続いていました。一九八五年の女子差別撤廃条約批准以後に、ようやくほぼ半数ずつの定員制に変えられたのです。

このように少し前までは「ダメ息子」を「立派な息子」へと置き換えるわかりやすい制度が目に見える形であちこちに残っていました。「しっかり娘」でもないのに貴重な公立進学校に席を一つ確保した私に対して、近隣の男子の母親から「女の子に進学校なんてムダ」と嫌味をいわれたこともあったと、後で母から聞きました。「女の子なんてどうせあとで伸びない」とか、「理系クラスなんて行ってどうするの」とか、女同士の自虐的会話も含めてあらゆる世間の雑音のなかを、泳いで生きていかなくてはならない日本女性。

もう過去のものだと信じていたのですが、そんな時代がまだ終わっていなかったようです。二〇一八年には、長年にわたり医学部で不正な得点操作をして女性を不合格にしていた事案が次々と明るみに出ました。入試という最も公平性が高いと信じられている場所ですら、表に出ない差別が続けられている可能性があるのです。悲しいことに日本女性は大学卒の方が自殺願望を抱きやすいといわれるのも、そんなあたりに理由があるのかもしれません。

幼い頃にしっかりしており褒めそやされた娘が大人になって、昔ダメと言われていた息子たちが次々に〝立派な〟地位についていく様子をみたら、どう思うでしょうか。そしてどのような行為に走るでしょうか。ふと恐ろしい考えが頭に浮かびました。無意識に自分の息子を通じて男性に復讐してしまうのではないでしょうか。「ダメな子ねえ」といいながらかわいがることによって。

戦後日本には、男女平等をうたう民主的な憲法のもとで思想的にはリベラルに育ちながら、親たちに「女なんだから」といわれて、泣く泣く高校や大学への進学を諦めた人が現実には大勢います。その「しっかり娘」たちは、母親となって目に見える行為としては、立身出世をめざすために子どもをビシビシ教育しているようで、無意識の力で男の子を劣化させているかもしれません。高度成長期日本を代表する漫画『ドラえもん』は、「ダメ息子」ののび太くんが「しっかり娘」のしずかちゃんと結婚するという願望を、存分に満たしてくれる漫画でした。しずかちゃんが子育てをする時代になった現代、牧歌的な野比家の夫婦関係が反復できるとは思えません。

母親業はやめられても、母はやめられない

ところで、西原さんは二〇一七年に「卒母」宣言をしました。第1章「母親業はやめられない」を執筆したすぐ後のことで、タイムリーな記事を興味深く読みました。この文章を書

き始めたとき、私は〝母親をやめること〟と〝母親業をやめること〟の区別が曖昧でした。編集者に「母はやめられないですよね」と指摘されて、母親という存在であることはやめられない、と気づいたのでした。

西原さんの「卒母」はどちらなのでしょうか。その後、「卒母のススメ」は新聞連載されて次々と読者の卒母の試みが投書されていますけれども、やっぱり母親のみなさんも区別は曖昧なようです。家から出て行く子どもを見送ってさびしい卒母、男捨離とかそうやって強い言葉で家族を捨てていこうと自分に言い聞かせている母たち。その反転ぶりが読んでいるとときに痛々しく、怖いと思うこともあります。

たとえば反響の大きかった五五歳のペンネーム「疲れた母」さんが「努力は実を結ばないのね」というタイトルで書いた投書ではこんな具合です。

「保育園や学校の給食表を冷蔵庫に張り、献立が重ならないよう手作りしていたのに、今じゃカップ麺大好き男に」

「疲れた母」さんは、丁寧な生活習慣を大切にするよう育てた息子たちが、その教えに反することばかりをやっている様子に「徒労感いっぱいで、私は卒親する気満々だ」そうです。そして最後に、「努力がまったく実を結ばない世界があるってこと、教えてくれてありがとう」と締めくくられていますが、アイロニーっていうには、少し生々しすぎて笑えませんでした。この人はほんとうに徒労感を抱えているようですし、息子の立場からみれば母の努力は感謝はするけれども、そこまで望んでいなかったといったところでしょうか。

母親業を一所懸命に営んできた人ほど、卒母という強い表現に憧れるように思います。まして母が「稼いで世話もした」とすれば、どれほどのエネルギーが子どもに注ぎ込まれたことか。現代の母親が卒母したくなるのは、当然かもしれません。そこまで母親業に肩入れしなかった私は、卒母宣言をしたくなるほど熱意はありません。自分が母であることは動かしようのない事実ですから。人生のひととき、自分をかたちづくった母と子であるという関係性を消し去ることなどできませんし、余韻は味わってもよいと考えています。むしろ夫や職場や友人や地域などあらゆる人間関係のなかの一つの役割でしかない「母であること」に、世間があまりにも過剰な視線を注ぐのを日頃からやめてほしいと願ってきました。

私はかつて家族の居住地から少し離れた地方大学の教職員に応募したことがあります。その法人面接で、「逆単身赴任するんですか?」と聞かれて、一瞬意味がよくわからなかった経験をしました。逆玉、とは聞いたことはありますが、逆単身赴任? つまり、単身赴任とは男性がするものであって女性は普通しないだろう、と。暗に「どうして母親なのに単身赴任までして働こうとするの?」といった意味合いだったのでしょう。当時夫は徒歩圏の職場に通っており、子どもは二人とももう小学校高学年で環境は十分整っていました。そろそろ大丈夫だろう、と家族で話し合いもして「家族全員で協力する」ということで応募していたので、私としては想像だにしない質問でした。女性を積極的に採用しようと政府から大号令がかかる時代は、まだ少し後のことです。

私は現在、夫の職場が遠方であるため別居しており、子どもが巣立っているので、新幹線で東京から地方に向いますが、週末金曜日夜の新幹線はいまでも単身赴任の「お父さん」らしき人ばかり。そして、平日朝の新幹線は出張するビジネスマンで埋まります。出張したり単身赴任をする女性は、いまでも少数派であると実感させられます。まして母親業をしながらとなると、そうとう稀少な働き方になってしまうのがまだ日本の現実です。現実がそうだからといって、女性は単身赴任はしないものと決めつけるのはやめてほしいものです。

「しっかり娘」でなくても、子どもがいなくても、母親になっても自分の個性を活かせる人生を女性が手にしてはいけませんか。女性だからといって「母親業」にみんなが向いているわけでもないなかで、「母親業」をすべてお任せされても、ときに子どもに迷惑ですよね。日本でも産みの親と育ての親がいつも一致してきたわけでもありませんし、「母親業」と「母になること」をもっと分離してもいいはずです。そうすれば、女性が無意識に「ダメ息子」を育て、「しっかり娘」に手渡すという、うんざりする連鎖は繰り返されなくてすむでしょうから。

【文献】
＊1　豊田正義『DV――殴らずにはいられない男たち』光文社新書、二〇〇一年
＊2　内閣府男女共同参画局「男女間における暴力に関する調査報告書」二〇一八年（http://www.gender.go.jp/policy/no_violence/e-vaw/chousa/pdf/h29danjokan-gaiyo.pdf）
＊3　西原理恵子「新作は『卒母した女性の悩みや第二の人生描きたい』」（https://mainichi.jp/articles/20170519/mog/00m/040/016000c）毎日新聞、二〇一七年五月二二日
＊4　西原理恵子『毎日かあさん――カニ母編』毎日新聞社、二〇〇四年
＊5　西原理恵子『毎日かあさん2――お入学編』毎日新聞社、二〇〇五年
＊6　フィリップ・ジンバルドー／ニキータ・クーロン『男子劣化社会』晶文社、二〇一七年

第6章

恐れられる母は女性蔑視を生む

マザコンを隠蔽するセクハラ

やれやれまた、母には頭が上がらないって話をするのか、とNHK大河ドラマ「おんな城主 直虎」（二〇一七年一一月一二日放送）を視聴していてつくづく思いました。徳川家康が「おおかたさま」つまりは母に「おイエをまもるために、息子を斬れ」と一喝され、自分の嫡男である信康を自害へと追いやる行動に移す場面がでてきたからです。史実がどうだったかはさておき、将軍が母にいわれたから命令を下した、というストーリーに仕上げているところが興味深いのです。奇妙じゃありませんか。権力を手中に収めている最高権力者でさえ、母には頭が上がらないという構図に落としているのですから。

おそらく、プロデュースする側は女性の地位を高く描いているつもりでしょう。大河ドラマにはよく「おのこ（男子）」を産み、立派に育てることがいかに地位確保のために大事であったのか強調されるシーンがでてきます。そして、必ず母は強し。母である瀬名が信康を命をかけて守ろうとするシーンで涙を誘う。歴史であるように見せつつも、大河ドラマは、史実と矛盾しない範囲で現代的な解釈を持ち込みます。これでもかこれでもかと、語られている母と息子の濃い関係は、飽き飽きさせられる現代の日本的母息子関係を映し出しているのです。

男性を選ぶ市井の人々

ところで、公の場における女性の地位はいまや国際的に見るなら、異次元のレベルに低く保たれているのが日本です。『令和元年版男女共同参画白書』（＊１）によれば、日本の衆議院議員の女性比率は一〇・二％で世界一九三カ国中一六五位。もちろん国会議員の女性比率は先進国では最下位。地方議会をみると、都道府県議会ではさらに低く二〇一八年時点で一〇・一％です。一九七〇年代には一％であったのと比較すれば一〇倍になったともいえますが、まさに草の根の市民レベルで女性の地位は低いままなのです。特別区議会で二七・〇％、政令指定都市では一七・二％となっていることからも想像できるように、女性は平等を求めて都市に移動を続けています。

二〇世紀前半には、自営業ではありましたが他国に比べて働く女性の割合が相対的に高かったことが知られている日本では、女性の労働力率は最も低かった一九七五年時点でさえ四六・一％です。二〇一七年時点で女性全体の就業率はＯＥＣＤ平均六〇・一％を超える六七・四％で、じつはすでに米国やフランスよりも高い水準にあります。政府は女性を労働に引き出そうとしていますけれど、働いているからといって女性の地位が高まるとはいえません。

そして市井の人々は女性を代表に選びたがりません。まさに男性だけでなく女性も自らを差別の対象とすることに甘んじているのだと思います。ほとんどの活動を女性が仕切っている学校のPTA会長でさえも、女性会長の割合は二〇一八年に一三・八％しかいません。自治会長にいたっては五・七％にとどまります。どんなに内閣府が号令をかけようとも、女性を地域の顔にすることが、ふつうの市民にとって、いかに抵抗があるのかわかる数字です。「女性が地域活動のリーダーになるために必要なこと」を聞くと「男性の抵抗感をなくすこと」が五二・一％と最も高くなっています。そう答える人は男性に多くなっていました（＊2）。自分が抵抗があるというカミングアウトとも読みとれます。

日常の活動のほとんどを女性が支えているPTA活動には、私も何回もかかわったことがあるので経緯はよく知っていますが、根回しや意思決定も実質的に女性が仕切りながら、やってくれる人がいれば顔としては男性を会長にすえる、という強い不文律がありました。実際には、最後にかぶせられる冠のような存在だといえましょう。副会長以下の役職者で支えるから実質的にかかわらなくてもいい、と頼み込んだりさえして男性の会長を探すこともよくあります。女性に白羽の矢があたることがあるのですが、その場合は、高学歴であったり社会的に高い地位についているなど、外から見て会長職にふさわしい、わかりやすい基準が求められます。つまり「名誉男性」に当てはまる人間となります。

この実質的に仕事をすることと切り離して、代表には男性という顔をたてるという組み合わせは、いわゆる理想的な奥さんのいる家庭の様子を、地域集団において再現しているともいえます。どんなに家のなかのことを妻が取り仕切っていても、ここぞというときには「主人を立てる」ことが円満な家庭を築くコツであるとされ、堂々と「夫操縦法」という言葉が出てくる。「操縦したい／操縦されたい」の組み合わせの延長に、冠としてのＰＴＡ会長があるのかもしれません。

「かあちゃん」は怖いもの

うちの「かあちゃん」に怒られる、と男性が言うとき、「かあちゃん」は妻をさしています。はっきり「俺、異常なマザコン」と語っている北野武は、好きになった女性は「母のように自分を包んでくれる人」、なのだと発言してきました。そして、「かあちゃん」は同時にビシビシとときに力づくで鍛える人として、語られます。日本人にとって、かあちゃんが母を意味すると同時に妻にも使える用語になっている理由は、まさに機能的には入れ替えてもかまわない〝等価なもの〟であるからでしょう。

私は家族内の権力関係の変化について、視覚的に表象されている素材として、漫画を用いて考える講義をしています。戦後から高度成長期以前までに日本で広く人気を集めた『サザエさん』では、一家の主婦であるフネさんが主人である波平さんに説教する場面などが出てきます。様々な描かれ方から推定するに、夫が妻に、つまり「かあちゃん」に頭があがらない家族として描かれているわけです。時代的には『サザエさん』より少し後、高度成長期の家族を色濃く映し出すアニメ、『ドラえもん』にでてくるジャイアンの「かあちゃん」は何かと子どもを殴っている場面も登場しますし、野比家でもお母さんがお父さんよりも、強そうに描かれています。ジャイアンの「かあちゃん」が剛田雑貨店を営んでいるほかはみな専業主婦の設定なのに、働いていようといまいと、家庭のなかの母の地位は高く描かれます。より現代的な家族を描いた漫画『クレヨンしんちゃん』の母みさえも、息子に振り回されつつ旦那を尻に敷いている強い妻となっています。『クレヨンしんちゃん』の時代になると、家事はもはや「妻が夫にやってあげるもの」になっていますが……。日本のファミリー向け人気漫画では、常に家庭内での地位に関して女性が強そうに描かれてきたといえるのです。

ちなみに、学術的にも夫と妻の勢力関係についての研究は蓄積があります。夫婦の関係性は、役割をどう分業するかという側面とともに、何かを決める意思決定を最終的にどちらがするのかといった側面からとらえる方法などがあります。いまのところ、日本の夫婦のどちらの地位が高いのかという結論ははっきりしていないようで、どちらかというと、家のなかではある程度平等であり、近年さらに平等である方向に向かっているといわれます（＊3）。ですから、「かあちゃんに頭があがらない」という言い回しがあるからといって、その実質がどうなのかはもちろん疑う必要があります。それにしても、ことさらに「オレは恐妻家」とか、「奥さんの尻に敷かれている」とか、喜んで口に出す男性が世間に相当数いる社会であることは疑いようがありません。

グレートマザーへの恐れ

家のなかで「かあちゃん」が怖いという心性のある日本では、なぜ公的な世界で女性の社会的地位が低くなるのでしょう。「地域の顔としては女性をおくには抵抗がある」、というふうに私的空間と公的空間で女性の地位が反転していく手がかりを、ユング派の心理学で用いられているグレートマザー（太母）という元型（アーキタイプ）から考えてみたいと思います。

グレートマザーとは全人類に共通して存在する地母神であり、個人の母親という概念を超えて人々が共通して無意識に持っているものだとされます。河合隼雄の解説によれば、人格化された地母神は、穀物の生成や、あるいは万物の生成をつかさどり、また逆に、死への神として、すべてのものを飲みつくしてしまうような属性を持っています（＊4）。河合は、日本に多いとされる学校恐怖症の治療に向き合うなかで、グレートマザーに巻き込まれる恐怖にさいなまれていると解釈できる少年の夢を紹介しています。ユング派の心理学では、夢は無意識を見せるものとされ大切に向き合いますが、学校恐怖症の男の子は、何もかもを飲み込んでしまう子宮をイメージさせる「肉の渦」にまきこまれそうになり、恐ろしくなって目を覚ました、という事例が紹介されています。

西洋の枠組みでとらえられない日本的な自我のありようを、精神分析学は模索しつづけています。河合隼雄は日本を〝母性社会〟ととらえており、日本社会は西洋のように自我の確立をめざしてこなかったと述べています。自我の確立にとって危険な感情である「甘え」を保存しつつ発展した社会として、日本をとらえているのです。河合によると西洋のような「自我の確立をめざす文化においては、新生児の体験する『甘え』の感情をできるだけ早く消し去ることに強調点がおかれる」はずだといいます。いっぽう、日本でそのような子育ては人気がありません。

たとえば、子どもを幼い頃から別室で寝かせる西洋とは違い、三歳以下の日本の子どもの別室就寝は一％以下でしかありません（＊5）。西洋と東洋で違う自我のありようについて、河合氏は西洋的自我の確立の方向に治療を方向づけるべきかどうか迷っていると、心情を率直に吐露しています。西洋の心理学者や分析家たちが、甘えも受容する「母なるもの」のポジティブな面を見直そうとしている潮流とも出会ったからでしょう。ある意味とても日本的な曖昧な表現である、「母なるものの完全否定によって自我を確立させたくない」、という河合氏の意向は社会の奥底で大事に守られ、再び近年の日本社会で息を吹き返してきたように思います。ただしそれは、グレートマザーへの恐れを抱いたまま成長をした人々が、大人の成員として振る舞い続けているということを、同時に意味します。このような日本人的な自我を持つ男性が、公的空間に出たらどうするでしょう。無意識に女性を恐れている男性は、女性を自分より高い地位につけることに抵抗するのではないでしょうか。

「阿闍世」コンプレックスの仏教国

日本が〝母性社会〟であるとするとき、親と子の関係性を深層心理から理解するためには、フロイトのエディプスコンプレックスに対置する阿闍世《あじゃせ》コンプレックスが手がかりになります。古澤《こざわ》平作によって独創されたこの概念は、一九三二年にフロイトに提示されたものの長らく陽があたりませんでした。一九七〇年頃から世界にも発信されていった内容は、仏典の

「涅槃経」からの改作を経た物語です。

阿闍世の物語はその母韋提希《いだいけ》が自らの容色の衰えとともに、夫の愛が薄れていく不安から王子をみごもろうと思いたち、予言者に相談するところから始まります。仙人の生まれ変わりが子どもになると聞き及び、早く子どもを授かりたいという身勝手から韋提希は仙人を殺します。そうしてみごもった王子が阿闍世です。長ずるにおよんでそれを知った阿闍世は母に殺意を抱き、母を殺害しようとした結果、罪悪感から悪病に苦しむことになります。自分を殺害しようとしたにもかかわらず、その悪病にかかった息子である王子を許し、息子は献身的な看病をする母親の苦悩を認めて母を許すという、愛と憎しみの悲劇です。この物語は三つの心理的構成要素、すなわち一つ目は一体感＝甘えと相互性、二つ目は怨みとマゾヒズム、三つ目は許しと罪意識、からなっていると解説されています。

西洋の心理学で批判されつつも参照されつづけてきたエディプスコンプレックスとは、自分の父を殺し母を妻とするという運命を予言されていたエディプスが、その神託から逃れることができずに、予言どおりに二つの大罪を犯してしまい、その責任を負うためにみずから目を抉《えぐ》り放浪の旅に出るという悲劇にまつわる物語からくるものです。

つまり、「運命的であろうと罰からは逃れられない」というわけですが、阿闍世コンプレックスではいってみれば、とばっちりを受けたのは仙人でしょう。「跡継ぎの子ができない」

と妻にプレッシャーをかけている王、つまり父は物語の外にいる希薄な存在にすぎず、登場する家族の関係者は誰も罪を贖《あがな》ってはいません。このような自我のありようが、公的な立場にあっても最後に深々と頭をさげて謝ったり土下座したりすることで許しを乞い、罪を許すという身内関係が受け入れられやすい社会をもたらしていると、小此木啓吾は指摘しました（＊６）。

仏教の経典から引用されているこの心理学的解釈が、かりに日本社会の母と息子の関係性にあてはまり、それが女性を地位につけることへの心理的抵抗につながっているとしたら、他の仏教国ではどうでしょうか。興味深いことに、国会議員の比率は、タイ、スリランカ、ミャンマーなどの仏教国として知られる社会で、軒並み日本よりもさらに低くなっています。阿闍世コンプレックスに苛まれる社会で女性の地位が低くなるという現象は、日本に限らず生じているのかもしれません。

ところで、家族人類学者のエマニュエル・トッドは潜在的な「母殺し」の欲望が転化する歴史的事象の一つとして魔女狩りを取り上げています。魔女狩りが頻繁に行われた地域は、母親の家庭内地位が高くかつ不安定でもある権威主義家族の優勢な場所だという現象がみられるのです。つまり、西洋も決して一様な社会ではなく〝母性社会〟的側面の強い地域があり、そこでは老齢の女性、つまり母親の象徴として〝魔女〟に潜在的な女性への蔑視が噴出するというわけです。

かりに日本人の深層心理構造において、子どもがいようといまいと成人女性が常に潜在的に〝母〟へと読み替えられていく力学が働いているとするとき、日本におけるロリコン人気にも納得がいきます。男性は幼くかわいいロリコン的に扱える女性への愛は成就しても、大人の女性への恐れは消えません。女性との関係性が、包容力のある母に代わる依存対象か、小児愛的に一方的にかわいがるのか二択になっていたら、対等な関係を好む大人の女性は恋愛対象になりえません。いまも献身的な日本の母親は娘を自立した存在へと育てながら、息子は依存させる存在としてかわいがっているのですから、近い将来のミスマッチはなかなか解消されないでしょう。

性差の温存を掲げる集団の思考回路

菅野完氏は安倍政権を支える右翼組織「日本会議」の行動原理を「左翼嫌い」と「女性蔑視（ミソジニー）」であると指摘しました（＊7）。具体的には、憲法二四条改正、夫婦別姓反対、男女共同参画事業反対などの項目が掲げられ、従軍慰安婦問題にもつながっていると述べています。つい先ごろ、その不幸な象徴ともいえる殺人事件が富岡八幡宮の宮司跡目争いにおいて生じました。背景には、「日本会議」とも関係の深い神社本庁の「女性宮司」に対する差別的態度があると言われます。

自民党の憲法二四条改正案には、「家族は、社会の自然かつ基礎的な単位として、尊重される。家族は、互いに助け合わなければならない」という文言があります。この条文は現憲法にはないのですが、民法上の規定において夫婦、親子、あるいは親族の扶養義務がすでに厳しい日本社会で、憲法にもこのような記述が明文化されたらどうなるか。単純にいえば、国が個人に対して福祉を提供する根拠が減り、戦前のように戸主に扶養義務を課していく制度に戻っていくと危惧します。当然ながら、生活保護制度への根拠が弱くなり、現在より支給が抑制されるでしょうし、それが推進する側の目的にもなっているはずです。

でも、家族のなかで役割をまっとうすることが人生の価値であると思っている人は、男性だけではありません。若い人も結婚時に夫の姓を選ぶ女性は相変わらず多いし、選択的夫婦別姓制度は法制化の兆しが見えません。選択制に反対して、自分だけでなく他人にも同姓を強要したい根拠はなんでしょうか。自分が大事にしている価値を他人が守ろうとしないことへの憎悪なのかもしれません。

戸籍制度を残し夫婦同姓を強要する国はほかに見当たらないのですけれども、外の世界を知らない日本人は、この特殊な制度が世界中にあるものだと思い込んでいます。家族社会学を教えるとき学生に「戸籍とか夫婦同姓って現在世界ではめずらしい仕組みだよ」と話すと「知らなかった」と驚きます。教育課程ではそういう知識を得たり議論する場が全くないからでしょう。ローカルなルールを、グローバルなルールだと思い込む人はどこにでもいますが、少なくとも高学歴な人々には自分たちの社会の特徴を理解して日本社会を運営してほしいと思います。

街宣活動をしている右翼も例外でなく、「夫婦同氏」の法制化が明治三一（一八九八）年の民法改正に始まったことを知らない人もいます。私は以前、スーパーマーケットの前で「夫婦別姓反対、伝統日本を壊すな」とマイクで絶叫していた街宣車の人に向かって、「伝統って、いつの話ですか？　明治半ばまでの日本は、夫婦別姓でしたよ」と話したら、「そんなこと、あるわけないだろう！」と怒鳴られたことがあります。なおも引き下がらなかったら、街宣車から上司らしき人が降りてきて「すいません。不勉強な者が話しておりました」と謝られたことがあります。オイオイ、勉強してから話してほしい。逆にわかっている上司なら「伝統」って軽く言うのを見逃すなよ、と呆れた記憶があります。

当時の夫婦同姓への改定は、西洋の伝統の導入で、東洋からの離反でしょう。背景には、西洋列強と肩を並べるために中国的なるものと距離を取ろうとする差別意識があったと思います。いまや西洋は「夫婦同氏」でもなくなっているのですけれども。

右翼の人々は何にこだわっているのでしょうか。日本の伝統や文化といった響きのよい言葉を使いながら、家族内の母の地位をないがしろにしないよう、イエ制度から子どもが逃げ出さないよう、声をあげているのではないでしょうか。跡継ぎが家に残らず嫁がこない不満を「自由な社会にしたからよくない」と、若い人を集めてしまう都会的なるものを嫌悪しているだけではないでしょうか。女性蔑視という言葉でとらえるよりは、女性を家族関係のなかでの役割に留めておきたいという願望のようにもみえてきます。しかし、母なるものに訴えようとする運動は、依然として人々へのアピール力があります。日本に深く埋め込まれた集合的無意識を呼び覚ますからです。

母への恐れを紛らわすセクハラ

ここのところ、世界で爆発的に広がりつつある#Me Too運動。あれほど女性進出が広がったアメリカでさえ、セクシュアル・ハラスメントの病根がこれほど根深かったということが表面化しました。日本人にとどまらず、社会進出する女性たちが増加することへの、男性の潜在的な恐れと関係があると感じます。ヒラリー・クリントン氏の落選とトランプ氏の当選は、政治的主張以前にユングの元型でいうところの、オールド・ワイズ・マン（老賢人）とグレート・マザー（太母）の構図に持ち込まれた時点で、厳しいものとなってしまったのかもしれません。グレート・マザーを恐れていると、おおっぴらに男性が口に出していうことはないでしょう。ひっそりと、いろいろな理由を探してオールド・ワイズ・マン（現大統領はとてもワイズと言いがたいにせよ）に投票するという行為で、現代の「母殺し」という欲望を満たしたのです。

平たく言えばマザコンを隠すためにセクハラをする、という感じになるでしょうか。母なるものへの依存という根源的な恐れは、女性を押さえつけておかなければ安心できない心理を呼び覚まし、それが権力を誇示する行為へと直結するのです。セクハラで告発されたハリウッドの大物プロデューサー、ワインスタインとごく親しいというタランティーノ監督。これでもかという暴力を繰り出すところが、マザコンを公言する北野武との近さを感じさせます。キタノの「HANA-BI」のように映画監督であれば映像で暴力をくりだし、潜在的母殺しを妻との無理心中といったシーンで成就してしまうことができます。それがかなわないプロデューサーは、現実世界で女性に不当な権力をふりかざしていたということでしょう。二〇一九年北野武は長年連れ添った妻と別れて一八歳年下の女性と再婚しましたが、その女性は「寝たままパンツをはかせてくれる」母のように包容力ある女性だと語っているようです。

少し気弱になってきた高齢期、母のもとに回帰していく男性像を象徴する北野武の離婚／再婚騒動でした。

言葉を発する側が女性であるとき、世間から手ひどいしっぺ返しをくらうこともよくあります。二〇一七年衆院選で小池百合子氏の「排除」があれほどネガティブに捉えられたことを、阿闍世コンプレックスから読み解くならば、許しを与える側の性であるはずの女性から発せられた、父性を感じさせてしまう言葉遣いに、世間は激しく反発したのだと解釈できそうです。ユング心理学的には〝父性原理〟とは「切断」するもので、〝母性原理〟とは「包摂」するものであるからです(＊8)。それゆえ、これまでマイルドな言葉づかいを信条としてきた小池百合子都知事の見せた、一瞬の父性的な表現が命取りになったのでしょう。

女性蔑視の源が母への恐れにあるとするならば、なくす方法のヒントは阿闍世コンプレックスから得られます。息子の養育から三つの心理的要素を外せばいいのです。甘やかしすぎず、怨みをいだかせずマゾヒズムに陥らずに、罪の意識を負わせたり許しを与えたりしない関係をめざすのです。母と息子関係がすでにそうなっている親子はもちろん多いでしょう。女性集団の未来に降りかかる差別の源を、その一員である自分たちが作り出しつづけるのはそろそろやめてもらいたいものです。

【文献】

＊1　内閣府『令和元年版男女共同参画白書』二〇一九年

＊2　内閣府「平成28年度男女共同参画社会に関する世論調査」(http://survey.gov-online.go.jp/h28/h28-danjo/2-2.html)

＊3　松信ひろみ編著『近代家族のゆらぎと新しい家族のかたち[第2版]』八千代出版、二〇一六年

＊4　河合隼雄『ユングと心理療法』講談社＋α文庫、一九九九年

＊5　松田茂樹・汐見和恵・品田知美・末盛慶『揺らぐ子育て基盤』勁草書房、二〇一〇年

＊6　小此木啓吾『日本人の阿闍世コンプレックス』中公文庫、一九八二年

＊7　ダイヤモンド・オンライン編集部「安倍政権を支える右翼組織『日本会議』の行動原理（上）」(http://diamond.jp/articles/-/91567?page=3) 二〇一六年

＊8　河合隼雄『母性社会日本の病理』講談社、一九九七年

第7章

繭のなかから世界を眺める

幽閉される息子たち

ひきこもりは「日本の文化」になったのでしょうか。日本を象徴するKaroshi（過労死）と並んで、アルファベットのHikikomoriのまま通用する言葉となったいまでは、そうもいえるでしょう。イギリスにしばし滞在していたとき、日本の家族とHikikomoriについて紹介したことがありました。世界各国から来ている若者たちから質問攻めにあいました。まず「家のなかにこもってるなんてつまらないことに、なんで彼らは耐えられるんだ？」という疑問。「若い男性が家族としか顔をつきあわせない生活してるなんてありえない！」というわけです。いじめなどの影響についても説明すると、「いじめはあるけれども、ひきこもりは自分の国では聞いたことがない」と様々な文化的背景の人が異口同音に話します。

斎藤環は『中高年ひきこもり』（＊1）において、ひきこもり現象を「甘えの文化」や「恥の文化」など日本的な文化とひきこもりを結びつけるのは間違いだと指摘しますが、「面倒をみてもらいながら暮らしてよいとする家族主義的文化がある」とも述べています。やはり「マンマのいる国」イタリアでもHikikomoriがいると話題ですし、オモニの存在感が濃い韓国でも多いからです。韓国やイタリアも日本と並んで、母親となる重みがよく知られており、少子化の進んだ社会です。母と息子の甘美な世界がひきこもりを生んでいる素地となっているなら、この日本論としても、考えてみる価値ある現象でしょう。

ひきこもっているのはどういう人か

いわゆるひきこもりと推定される一五歳から三九歳は、二〇一六年に発表された内閣府調査（以下二〇一六年調査）（＊2）によると、五四・一万人。二〇一九年に発表された内閣府調査（以下二〇一九年調査）（＊3）による四〇歳から六四歳の推計六一・三万人とあわせて一一五・四万人でした。二〇一八年時点における一五歳から六四歳人口比で一・五％ほどがひきこもっている社会なのです。誰にとっても、身近にひきこもっている知り合いが一人か二人いるのは、当然でしょう。

ここではおもに二〇一六年調査を中心に、「広義のひきこもり群」の特徴をみておきたいと思います。まず、男性が女性の約二倍と多くなっています。暮らし向きについて上中下のうち、下と答えている人の割合は二割を超えています。「一般群」の暮らし向きは下が一割にとどまっているので、やや低めの割合が高いようです。子どもの頃に習い事やスポーツ活動をした経験が少なかったり、親とあまり話せなかったなど、幼い頃の家族生活には特徴がみられます。二〇一〇年の調査と違って「親が過保護だった」という傾向はありません（もしかすると、みんな〝過保護〟な時代になったという意味かもしれませんが）。親の育てかたというよりも、家族の関係性にやや特徴がみられます。あまり喋らず仲がよいとはいえない家族関係の割合が、「ひきこもり群」では少しだけ多めです。

私が興味を惹かれたのは、「仕事をしなくても生活できるのならば、仕事はしたくない」という質問に「はい」と答える人の割合が、「ひきこもり群」はひきこもっていない人と、なんら変わらないところです。四〇歳を超えたひきこもり群では、逆転すらしています。彼らはお気楽に人生を過そうと思っているわけではないといえます。世間一般でも、半数程度の人は「仕事はしたくない」と答えますが、それでも、ひきこもっていない人は、仕事または家事・育児をしています。「世間を理不尽だ」と思っている割合も同程度です。意識の上ではなんら差はないのに、現実の行動をみるとひきこもる／ひきこもらないという差が現れているのです。

ところで、ひきこもっている人は、仕事のみならず家事や育児をしている割合もとても少なくなっています。有償／無償を問わずに労働から退却した人なのです。そして、なぜか三九歳以下のひきこもり群には「新聞を読む」人が多い。テレビでなく、本でもなく、インターネットでもなく、新聞だけひきこもっていない人より読む割合が二倍も高いのです。SNSで社会とつながる傾向も低いのです。いっぽう、四〇歳以上の二〇一九年調査では、テレビ・インターネット・新聞を読む割合がすべて少なく、本だけが同水準です。この世代による差をつなげて考えると、同世代と少し違う情報接触のしかたをしている人、という面も浮かび上がってきます。ひきこもる／ひきこもらないは、なんらかのきっかけでわずかに世間とずれてしまったと感じた人が、いたって普通の家族に支えられて日常を過ごしているという様子にもみえてきます。誰にでも起きうる、といわれるのも納得できます。

労働からの退却としてのひきこもり

もしかすると日本発で世界の共通語になってしまったKaroshiとHikikomoriは、現代日本を象徴する社会現象の合わせ鏡となっているのではないでしょうか。過労死は労働への徹底的な没入の結果もたらされる死であり、ひきこもりは労働からの完全なる退却なのですから。

もちろん私は労働とはお金を稼ぐものだけだとは考えていません。じつは仕事や家事や育児などをあわせて総労働時間として国別平均すると、世界で最も働き者なのは子どもを持って共働きをしている日本女性です。つまり、「働きバチ」という言葉は日本女性のためにあるともいえます。安倍政権の「女性活躍」推進政策で、女性の過労死が増えるのではないかと真面目に危惧しています。幼い子どものいる女性の労働力率は低めではありますが、女性全体の労働力率は先進国の平均を超えていますし、総労働時間を国際比較すると、家事も仕事も長時間となっているのが日本女性です。

よく労働力率が低めであることをもってして、女性に「もっと働け」と言う人がいますけれど、現状のまま参入するのでは酷だと思います。時間が有り余っている女性はすでに少ないからです。女性は「家事手伝い」や「専業主婦」でいられるのでひきこもりが表面化しない、という見方もありますが、やはり家事・育児をしている以上その人が外部と接触がなくても、労働から退却している人とは異なります。

つまり、ひきこもりの子どもを支えているのは、金銭的にみれば父親かもしれませんが、時間的にみれば仕事も家事もやっている母親でしょう。ひきこもっている息子たちは父親みたいになりたくないけれども、かといって家事を手伝う母親のような人になることも忌避する人であり、労働から完全に退却しているという徹底ぶりを見せています。みんな働き方についで悩むなかで、一部の人は過労で倒れるまで働いてしまう。働きすぎた人は後ろ指をさされなくてすむかもしれませんが命を捧げては元も子もありません。

職場に没入する働き方になじめずひきこもった人は、ある意味自分の身を守る防衛力が働いたと考えることもできるでしょう。それに、ひきこもっている人の半数以上は働いた経験があるのです。過労死しそうになるまで働かされたあげく、労働から退却している人も多いはずです。平均的な人がブツブツいいながらも、うまくやり過ごしながら長時間労働に耐えているとするなら、ひきこもっている人たちは真面目だからこそ続けられなかったのかもしれません。超長時間働いている人と働くのを完全にやめた人。この不具合なバランスが放置されているので、日本の不幸の総和は高どまりしているのです。いつかKaroshiするほどまでに働く人がいなくなったときに、Hikikomoriもいなくなるのではないでしょうか。

じつは、元ひきこもり当事者でその後脱出して正社員になったＫＪ氏の「超非常識すぎるひきこもり・ニート脱出法！ ちゃんと解説編。」（＊４）の作者は、過労死するほど働いてしまう人と／ひきこもっている人の意外な相同性に気づいています。

学生時代サボってたやつの方が矛盾なく社会生活に溶け込んでいるという矛盾。真面目な我が子が挫折するという必然。真面目にやってきた自分が子ども一人を上手く社会に出すことすらできない現実。それなのに親が求めるのは「サラリー」。

ＫＪ氏が冷徹に到達した現代社会の理解はこうです。ひきこもり・ニートになっている人というのは、親たちが代々引き受けてきた「真面目に働けば報われる」的な「絶対的価値観」による洗脳のもとに過している人が、子どもの代になって、ついにうまくいかない限界点に達しただけであると。ひきこもり、ニートも正社員も、家族や社会の古びてしまった「絶対的価値観」に洗脳されてる状況は同じだというのです。

ＫＪ氏が社会学の本を読んだかどうかはわかりませんが、社会階層の研究で議論されている内容とも相性の良い考え方だと思います。右肩上がりの時代と現代では会社員を取り巻く環境が劇的に変わってしまったことを、多くの中高年は認めていません。Karoshiするほどの働き方とHikikomoriへの退却という二本の道は、期待を背負わされて人生をひた走るしかない「立派な息子」と「ふがいない息子」という二極化へとなめらかに通じています。「立派な息子」になるはずであったのに、どこかで歯車がズレてしまった「ふがいない息子」の象徴ともいえる存在が、ひきこもりなのです（私がそう思っているわけではありません。念のため）。だから彼らは「立派に」働けないくらいなら、一切労働から退却する道を選ぶのではないでしょうか。

世間では「働かなさすぎる人」の問題は家族の問題にされがちで、「働きすぎる人」のことは職場の問題になります。死にいたらなければ「働きすぎる人」は世間で賞賛されます。人間の存在を、労働と強く結びつけてしまう日本的価値観には誠に根深いものがあります。私はひきこもりも過労死も日本というシステムの帰結だと理解してます。

失望を埋めるきょうだいの悲哀

ところで、ひきこもる人には男性が多く、長男が目立つという指摘もあります。女性であれば長女。それが意味するところはイエの論理から理解できるでしょう。跡継ぎにかかるプレッシャーという問題です。歴史的にも次、三男は引き継ぐイエが与えられない分、どこにいこうと自由ですし、男子の跡継ぎがいれば女性は結婚して他人のイエに所属する。法の条文にはないきょうだい順位への不平等な観念はいまも日本人の頭にしっかり存在しています。子どもが少なくなった結果、従来なら背負わなくてもよかった跡継ぎや墓守といったプレッシャーを背負うことになった人の割合が増えているのです。

ひきこもっている人にはいろいろなタイプがいることは承知しています。しかし、同じ家族で育つきょうだいがいても全員がひきこもることは稀です。むしろきょうだいの一人がひきこもると、他のきょうだいがさらに頑張ろうとして、後に一見元気であったきょうだいの精神を蝕んでしまうこともあります。親がどれほど平等にかわいがっているつもりでも、複数の子どもがいると、本人たちは勝手に比較したり競争したりし始めます。一人っ子がどこか余裕もありおっとりしがちなのも当然でしょう。そうやって、きょうだいはお互いに牽制しあったりしているので、きょうだいがひきこもることで、さらに親に余分な期待をかけられてしまうなら、本人たちにとっては迷惑でしかありません。

ところで、イエの論理とひきこもりの関係については、様々な論者が語ってきました。マイケル・ジーレンジガーは河合隼雄に尋ねながら、「イエ」と「家族」、そして母と息子の関係について容赦ない考察を加えました(＊5)。戦後の米軍占領下で、アメリカ人が封建的と考えるイエの法的地位は改められてもイエ概念は放棄されず、日本人は所属する企業や集団をイエとみなすようになったと述べています。対話のなかで河合が指摘したのは「アメリカ人にとっての神が、日本人にとってのイエ」であるという状況に代わってどう個人を確立できるのか、という悩ましい課題です。

伝統的なイエが失われてしまっているにもかかわらず、イエの存続という観念が個人のよき生よりも優先されている社会で、家族はどういう場所になるのでしょうか。私はイエになってしまった会社を木にたとえるなら、家族はその枝葉になろうとしたと思います。枝についている葉っぱを、家族を構成する個人にたとえてもよいでしょう。懸命に日々の光合成をして(働いて)木を繁らせてきたのが、戦後日本の家族と会社の関係です。しかし、木は水が足りずに枯れそうになると枝葉を枯らして生き延びようとすることもあります。低成長の時代となるにつれ、個人も家族も木についた枝葉のようにいとも簡単に捨てられてしまいやすくなりました。そのときに切り捨てられないよう、献身的に働く人の一部が耐えられず過労で亡くなっていきます。切り捨てられる前に落ち葉として自ら離れていった人がひきこもりとなるのかもしれません。

幽閉としてのひきこもり

家族の外で起きていることについて考えてみた上で、あらためて家族の内で起きている関係性の病理を読み解いてみましょう。ひきこもりという言葉からは、子どもの側からの自発的な行動によるものという印象を受けます。けれども、それならばなぜ「ひきこもりからの脱出」などという言い回しが巷にあふれるのでしょう。いったい彼らはどこから脱出しようとするのでしょう。ここに、あまり語られない真実へのヒントが隠れているかもしれません。

なぜひきこもっている人は檻に入れられているわけでもないのに、出て行かないのだろう、と考えていた二〇一七年、特殊な事件が寝屋川で起きました。女性は三三歳で亡くなるまで、両親に一五年間閉じ込められていました。統合失調症を病んでおり、暴力もあったことから監禁していたということで、両親が罪に問われています。

ここまで極端でないにせよ、物理的に閉じ込める虐待は時折みられます。古くは江戸時代の座敷牢への閉じ込めという習慣があり、一九五〇年までの精神病者監護法により、身内の不都合を恥として「私宅監置」することが日本では長らく法的にも認められていました（＊6）。虐待とは異なりますが、ひきこもっている人のなかには、みえない糸で親に幽閉されている場合があると考えてみたらどうでしょう。家族の殻が閉じられている、あるいは閉じさせられている状況が一種の精神的な幽閉とどこかで通底するからです。

ある日突然子どもがひきこもってしまったとしましょう、ときに暴力を伴うかもしれません。そのとき、大半の人は忍耐強く子どもに食べさせ、身の回りの世話をしつづける親切な親となり結果的には子どもはひきこもり状態はつづきます。その一部の人が、子どもを最終的に放置したり質の低い環境下で幽閉すると虐待者として罰せられます。

私はひきこもりの子どもがいる親は優しく親切な人なのだと思っていました。実際の因果関係は逆なのかもしれません。ひきこもりの親が親切そうにみえたのは原因ではなくてむしろ結果だったのです。最近は、ひきこもりを無理やり連れ出す「引き出し屋」というビジネスが跋扈《ばっこ》しています。追い出さず、見捨てず、最後まで面倒をみようとする（多くは）親がいた子どもだけが、ひきこもる人となって生存できるのですから。

ひきこもりと家庭内暴力は切り離せない存在であるのも、人間存在をかけた戦いだからでしょう。彼らは母親からのみえない糸でぐるぐる巻きにされ、繭のなかに閉じ込められているとしたら。みえない精神の檻のなかに幽閉されているのなら、まさに人間は最後の抵抗のために暴力に訴えるのです。暴れてもみえない糸は絡みつくばかりでなかなかほどけません。家族という檻のなかに閉じ込められている危険な状況なのだとすれば、誰か外の人に手伝ってもらって脱出をなしとげなければ達成できません。それなのに、世間には家庭を支援するといいながら家族という檻を強固にしてしまう言葉が溢れつづけています。幽閉されているひきこもりは、自力で檻をむしろ壊して脱出していくか、他人が家族というカプセルに穴を開けて壊し救出するしかないのです。

家族の真空を埋めるひきこもり

ところで、なぜ親はときに子どもを幽閉しようとするのでしょう。その理由を考えてみましょう。元来家族療法に関心の低かったという斎藤環氏は、ひきこもりの原因を個人の気質や単純な心因にもとめるにつれ、「家族の、両親の問題が前景化してきた」といいます（＊7）。長年の臨床経験を踏まえて斎藤が家族に向けて提案する手段の一つに、ひきこもっている人を不安にさせることを避け親子間で「対話」をする、というものがあります。けれども、実際は親子間以前に、家族内のコミュニケーションが夫婦間でとれていない家庭が多く、助言は簡単ではないと述べられています（＊8）。家族の関係性は時代とともに急速に変化するものですが、日本の家族でコミュニケーションが重視され始めたのは、ごく最近のことなので、対話を提案されたとしても多くの親たちは急に態度を変えることがむずかしいのではないかと、私は思います。夫婦の愛情を中心とする家族の歴史が浅く、社会に定着していないからです。

西洋に近代社会が訪れると同時期、家族は愛情を育む場所として期待される場所になっていきました。東洋に到達した近代の波は鉄道を敷きビルを建て工場をつくるという産業化の側面では似たような帰結をもたらしました。けれども、家族形態の違いは大きく、三世代が同居する家族はいまも日本に数多く残ります。イギリスなど社会が産業化するずっと昔から核家族であり続けている社会と、日本は違います。形態よりも家族の関係性の違いはさらに大きいままです。第3章でふれたように、日本の家族を考えるときイエという概念はいまでも重要です。結婚関係を両家の結びつきと捉える傾向は薄れたとはいえまだ残っています。

特に、現在の中高年が形成している家族が、もともと感情の場として機能していないことは、まったくめずらしくありません。いわゆる自営業的なイエでは、夫婦は役割を分業しながら家族という場で労働をとおしてつながっています。愛情というより、職場の同僚のような連帯感で黙々と過ごすような関係です。そのような発想のイエ的な家族に子どもが生まれるとどうなるか。イエという経営体の職場的な発想で育児する家族になるでしょう。専業主婦とサラリーマンの家族も「お金を稼ぐ父親」と「子どもの世話をする母親」という分業体制にすんなり移行しやすいのです（＊9）。

西洋近代社会ですとそう簡単には分業とはいきません。子どもとは夫婦の愛の証として家族の中心に据えられ、育まれるものと信じられてきたからです。父親が外で仕事をするようになっても、それとこれとは別、だから夕食時には戻ってくるべき、といった規範が働きやすくなります。そして、夕食時には家族がコミュニケーションをとることが当然だと信じられています。

歴史的にみると日本の家族は食事中に会話することが禁じられていました。いまも子どものいる家族が父親と食事を共にする時間は母親と比べてとても少ないのですが（＊10）、家にいたとしても対話をする関係性が親子や夫婦にあるとは限りません。家族がコミュニケーションの場であるべきである、という考え方が日本に浸透してまだ日が浅いのです。少し前までは、子どもは家業をつぐ存在として育てればいいのですから、家族以外の見知らぬ他人とコミュニケーションをとることが必須でなかったのかもしれません。

家から独立させる教育はもともとイエの論理とはなじみません。実際、ひきこもっている人は家族という身内とならば過ごしつづけられます。西洋的な人間の発達過程から考えるなら、ずっと生まれた家族のもとにとどまり続けることは苦痛をもたらすはずですが、イエの論理からみて、外に子どもが去っていかないひきこもりは、ある点では日本の伝統的な家族観に則り、正しく成長させられた姿なのです。

夫婦の愛情を中心とする家族が定着していない日本で、イエから労働を取り去ってしまったら、ポッカリと空いた子ども部屋のように寂しい夫婦関係が残りがちです。感情が行き交うことなく、寝て起きて食べて仕事にいく。日々の労働再生産という機能がひたすら繰り返される家族にあって子どもはまさに鎹《かすがい》以上の存在なのです。職場のほうがよほどみんなで飲み会をしたり、ときには家族の愚痴をいったり和気あいあいとしていたりします。

職場などの共同体を外にはつくらなかった母親が、寂しさを紛らわすために、ときに息子を見えない糸で幽閉してしまうことがあります。そのとき母親は困っているといいながらも、甘美な日々を味わっていることでしょう。世間は世話をしつづけるやさしい母に同情することはあっても、幽閉したとはいいません。夫は(つまり父親は)息子が妻の寂しさを埋めてくれて、心の奥底ではほっとしているでしょう。息子は身動きのとれない息苦しさを抱えながらも、繭のなかにいる心地よい時間を取り戻し、世間の荒波には出ていきません。安定した母子カプセルができると、それを壊す原因が外からやってくるまでは、そう簡単に解体できません。イエの労働がなくなった家族の真空を「ひきこもり」という新たな存在が埋めてくれたのですから。

繭からでる季節がやってくるとき

ひきこもっている人が繭から羽化する季節は訪れるでしょうか。それとも母親の胎内にとどまったまま親の死とともにセルフネグレクトの末、孤独死にいたってしまうのでしょうか。日本の生産年齢人口の劇的な減少は、頭も体も労働するに差し支えのない成人を放っておいてはくれなくなるかもしれません。資本主義が人手を必要とする限りにおいて、政府はその供給のためにあらゆる手をつくすでしょう。

まずは母親たちが人手として駆り出されて、もう寂しさのために息子たちを幽閉しておく必要も時間的余裕もなくなってきました。それに、他にも楽しみのたくさんある社会で、息子を家にとどめておくという面倒なことに忍耐できる女性が、そもそも減っています。繰り返し述べてきたように、次世代の母となる娘には、そんな忍耐強い母親になるような教育を授けていないのです。逆にいうと、父親より先に母親が逃走してしまう離婚や、夫へのＤＶやネグレクトや子どもを追い出してしまうような虐待が増えるでしょう。

ひきこもりを減らす政策とは、同時に過労死を減らす方策とも重なります。ほどよく働いた人がほどよく暮らせるように守られればよいのですから。家事や育児をふくめた労働の果実が、ゾンビ会社や政治家の「お友だち」、しいてはその身内に配られて死蔵されるのではなく、人々の懐にちゃんと届くように制度を組み直せばよいのです。ときに立ち止まりながら働けるような仕組みも模索されなくてはなりません。強固な日本的システムがもたらすひきこもりという社会現象は、システムが変化することでしか解決できませんが、個人の意志もその変化の季節を呼び込むと私は期待しています。

【文献】

*1 斎藤環『中高年ひきこもり』幻冬舎、二〇二〇年

*2 内閣府「若者の生活に関する調査報告書」二〇一六年（https://www8.cao.go.jp/youth/kenkyu/hikikomori/h27/pdf-index.html）

*3 内閣府「生活状況に関する調査」二〇一九年（https://www8.cao.go.jp/youth/kenkyu/life/h30/pdf-index.html）

*4 ＫＪ「超非常識すぎるひきこもり・ニート脱出法！ ちゃんと解説編。だから頑張っちゃダメなんだってば！」二〇一四年（https://ncode.syosetu.com/n3161cl/）

*5 マイケル・ジーレンジガー『ひきこもりの国――なぜ日本は「失われた世代」を生んだのか』光文社、二〇〇七年

*6 ＮＨＫハートネット福祉情報総合サイト「精神障害者の監禁の歴史　精神科医 香山リカさんに聞く」（https://www.nhk.or.jp/heart-net/article/83/）二〇一八年

*7 斎藤環『ひきこもり文化論』ちくま学芸文庫、二〇一六年

*8 斎藤環、前掲書、二〇二〇年

*9 品田知美『家事と家族の日常生活――主婦はなぜ暇にならなかったのか』学文社、二〇〇七年

*10 品田知美「家族との食事時間――子どものいる夫妻の生活時間調査から」『駒澤社会学研究』17巻53号：17-41ページ、二〇一九年

第８章

豊かな世界と「ママっ子男子」の登場

友だち化する母と息子

長野を超える数のメダル獲得数となった平昌《ピョンチャン》オリンピックでは、元気な若者たちが目立ちました。いまや国民の息子ともいえるフィギュアスケートの羽生結弦は、類い稀な魅力とオーラで世界の人々を虜にしています。新しい息子たちの世代が登場したようです。八〇年代も終わり頃のバブル時代、豊かさを享受しつつ子どもを授かりゆとりのなかで育てた母親たちが少なからずいます。この時代には自己犠牲をしてばかりの母親像は当てはまりません。そのため、第2章に述べたように弱者であり自己犠牲的な立場だからこそ、息子が期待に応えようとするような、母と息子の関係が消えていきました。華やかなりしバブルの名残りを感じさせる日本の母と息子の関係はいったいどういうものなのか、これまでとどこがちがうのか、そして、これからどうなるのかを考えてみましょう。

「マザコン男」と「ママっ子男子」

「ママっ子男子」の名付け親である原田曜平氏によると、二〇代の若者とコミュニケーションをとるなかで、母親と仲が良い男子が増えていることを実感したそうです（＊1）。そこで、従来ネガティブに語られることが多かった「マザコン」と区別するために、特に母親との仲が良い男子を「ママっ子男子」としたのです。ただし、著者はマーケティングアナリストなので、このタイプの親子による消費を喚起する目線で書かれています。そこで、「ママっ子男子」についての解説を引用させていただきながらも、社会学者目線で起きている現象を考えてみたいと思います。

まず「ママっ子男子」の母親は、一九六一年から一九七〇年生まれの、「バブル世代」を中心とし「新人類世代」が加わります。まさに私はこの世代にあたります。原田氏の分析は鋭く世代を捉えていると感じさせられました。日本では長らく「マザコン男」、と忌避されるのを嫌って、母親とは疎遠であるべきだという妙な規範が浸透しているところがあります。「マザコン男」の象徴ともなった一九九二年放映のテレビドラマ「ずっとあなたが好きだった」の冬彦さんといえば、この時代知らない人はいないほど。私自身もリアルタイムで視聴したドラマでした。姑《しゅうとめ》役の野際陽子のおどろおどろしいまでの息子溺愛ぶりと、息子役の佐野史郎の情けなさが強烈な印象を残しています。最終回の視聴率が三四％ともなれば、もはや社会現象だったといえるでしょう。

でも、考えてみるとおどろおどろしい嫁姑ドラマを家族で楽しく見られる時代とは、そんな関係性がリアルに想像できる程度に残りつつ、一歩引いたところから客観視する余裕ある状況になっていたのでないかと考えられます。「あー、こういうのありそう。でも私たち夫婦は違うよね、あはは」「こんな姑に夫婦関係を壊されないように気をつけないとね、だから姑と同居は無理」といった具合に。「ママっ子男子」の母親たちは、一九九二年といえばまさに結婚相手探しの真っ最中。このドラマは、相手が高学歴男性であっても「マザコン男」じゃないかどうか気をつけたほうがいい、という強烈なメッセージとなっていたに違いありません。

そして、息子を「マザコン男」にしてはいけないという明確な意思が埋め込まれた時代に結婚した母親たちは、子育てにあたって冬彦さんを反面教師とし、精神的に息子に依存してはいけないと心に誓いながら、新しいバージョンの母息子関係として「ママっ子男子」を生み出していったのではないでしょうか。

新人類世代の母親と息子関係

フィギュアスケートでオリンピック二大会の連続金メダルという偉業をなしとげた羽生結弦は、ネット上ではマザコンと揶揄されることもあるようですが、私は違うと思います。むしろ「ママっ子男子」なのではないでしょうか。羽生結弦の親はメディアに登場することはないし、家族関係についての情報は乏しいのですが、断片的に垣間見える逸話からとらえると、スケートをやりたくてやっているのはあくまで本人であり、親はそれをできるかぎり文援するという関係性を徹底していると思います。

原田氏は、新人類世代が親になったあたりから、「好きなことを思い切りやれ」と「子どものことを全力で応援する親」が現れたと指摘し、羽生結弦選手を始め、平野歩夢、平岡卓らが大舞台に臆することなくソチ五輪でメダリストとなった事実をとりあげています。ただ、彼らを「ママっ子男子」だと直接に言及しているわけではありません。ソチ五輪若手メダリストの三人のうち、平野、平岡の両選手はどちらかといえば、父との二人三脚を常々口にしているとおり、一般の親には到底できない時間と金銭を父が投下する、アスリート早期教育が施されたのだろうと推測されます。スノーボード・男子ハーフパイプの二人はどちらかというと、スポーツの世界で従来からみられるチチローとイチローのような父子鷹的家族なのです。

ところが羽生結弦の父は中学校の数学教員で、特別に運動能力に秀でる経歴を有しているわけではありません。野球部の顧問だったこともあるようですが、息子のフィギュアには一歩引いて見守るスタンスを貫いています。遺伝と家庭教育の成果として才能が開花したという家族の物語を期待する人からみれば、物足りない話になります。結弦の父親の妹によると、「小学校三〜四年生の頃、スケートの練習が少し嫌になっていたゆづに、『野球のほうがおカネもかからないし、スケートが嫌なら辞めてもいいんだぞ』」と父が言ったこともあるそうです(*2)。

口先だけで脅かす親はよくいるのですが、結弦の父は心の底からそう思っていたのでしょう。姉が通っていたスケート教室についていったことから始めたフィギュアは、どちらかといえば女性に好まれるスポーツです。しかも結弦が喘息持ちであって埃の出ないスケート場でしか運動しにくかったという偶然が、かえって継続を後押ししたようです。誰のためでもなく自分がやりたくてスケートを続けるという結弦の意志が、明確にさせられた瞬間だったのでしょう。

その後、結弦は一七歳でブライアン・オーサーコーチに師事するためにカナダに母親とともに移住しています。そればかりでなく、母親は多くの試合会場やインタビューにも同行するマネージャー活動を行っています。生活では家事全般をすべて引き受けて息子を支え、ときに衣装さえも手作りしていたという二人三脚ぶりは、際立って強い絆を感じさせます。そして、試合後に一番最初にメダルをかけたのは母だったことを衒《てら》いなく語り、母への感謝をはっきり口に出すのも羽生結弦の特徴です。仲良く二人で談笑しながら宿泊先へと向かう母息子の様子は、確かに少し前にはみられなかった親子関係でしょう。

行動からみる「ママっ子男子」像

では、実際にどういう行動を「ママっ子男子」像ととらえられるのか、あらためて原田氏の著書で述べられている「ネガティブなマザコンとは違う、新たな男子像」から拾っておきましょう。具体的にはこんな行動をする男子が増えているといいます。

話題のレストランに二人でいく。
買い物に一緒に出かける。
さらには二人で旅行に行く。
美容や健康など共通の関心がある。
恋愛やセックスの相談を持ちかける。
母親と友だち感覚でつきあう。

そのいっぽうで、「母親に対する精神的な依存度が高いとまではいえない」ようで、精神的な自立に関していえば、進学、就職、結婚、といった人生の重大事において、どの程度親の意見を参考にするかを身近な「ママっ子男子」的な四五人に尋ねると、「かなり参考にする」と答えるのは六人しかおらず、八人は「まったく参考にしない」とバッサリ切っています。日常生活で話題を共有したり、行動をともにしたりしても、意見はさほど影響していないとのことでした。

基本的に専業主婦が多い世代の母親ですから、息子は職業のことをそうそう相談できないとシビアにみているわけですね。「ママっ子男子」認定された人から出てくる言葉のなかには、親が自分の意見を押し付けず、子どもの判断を尊重してくれるから、という言い回しもみられます。また、「祖父母が押し付けてくるのが嫌だったから、親はそうしているらしい」という語りもありました。

知人から聞いたところでは、最近は母と息子でライブに行く、というのも珍しくないそうです。聞いた当初は耳を疑いました。私たちがティーンエージャーのとき、もし同級生男子が母とライブに行ったとしたら、友だちに秘密にすると思います。彼女と行くか男友だちと行く、が定番でしょう。いまは母がスポンサー兼同行者になるそうなのです。

たしかに「ママっ子男子」の親世代は、さほど寛容な時代に育ったとはいえません。学校は厳しい規則に縛られて自由でなく、校内暴力も頻発しました。ものわかりのいい教師や親はとても少なかったと思います。だからこそ子ども世代とは権威的でなく平等な関係性をつくりたいという強い意志のもと、自分の世代で家族関係を意識して変化させている面があるのです。こうしたいという意識と、どこかで引きずっている無意識は家族関係をすっきりとはさせません。そういった葛藤を人は抱えながら、関係性の変化を現実世界に少しずつもたらすのでしょう。

また、「ママっ子男子」のいる家族は兄弟姉妹同士もふくめ家族全般に仲がいいというのも特徴と書かれています。羽生結弦は姉もフィギュアをやっていますが、本人がインタビューで、「四歳半上のお姉ちゃんの後を追いかけていたらいつのまにかスケートをやっていた」と語っているように、姉が身近な指導者でライバルだったのでしょう。彼の負けず嫌いぶりは、常に追いかける対象となるスケート上手な姉が身近にいたからこそ鍛えられたのだと思います。

でも、姉も長くスケートを続けてその後はスケートリンクで働いています。自分もスケートを続けながらも、弟のずば抜けた才能を応援できるきょうだい関係は、親がそれぞれの子どもを平等に接していなければ保てません。もし息子のみを溺愛する母であったなら姉は心穏やかに過せませんし、ましてスケートを続けるでしょうか。自己を肯定する精神を姉も獲得できているということから、母親との関係も良好なのでしょう。

こういう家族関係のもとで羽生結弦の心には雑念が入り込まずにすみ、本番で自分の演技へのずばぬけた集中力をみせたのだと思います。「今回は自分に勝ったのだと思いました」という金メダル後の発言や、演技後に自分の足首をさすって「ありがとう」とつぶやくなど、自分の肉体を精神が強くコントロールしている勝負強いアスリートらしさは、みかけの柔弱さとは対照的に屈強さを感じさせます。みかけの屈強さにこだわりつつ精神の脆さを隠している男性にうんざりしている世界中の女性たちから、彼は敬愛されるのもうなずけます。

ジェンダーレスな友だち親子

こうやってみると、「ママっ子男子」とは、娘との間ではかなり広がっていた親子関係の友だち化、あるいはフラット化現象が、異性間の親子関係にまで広がった状況であるように見えてきます。得意分野について母と息子の情報交換が盛んになり、男子が美容や健康に気を使うようになってきた面も見逃せません。結果として母親が得意とする分野の情報が会話を通じて入り込みやすくなっているのです。

どれだけバッシングされようがジェンダーの境界はゆらぎ、ファッションもすっかり自由になりました。明るいピンク系のTシャツ、花柄が散りばめられたシャツなどをおしゃれに着こなしているカラフルな男子学生が溢れているキャンパスをみるとき、時代は変わってきたなと感慨深いものがあります。女子がクールなジーンズからフリフリなスカートまで自由に着ているのに、男子はスカートを履くとまだ目立つのは少々残念ですが、ついに登場してきたスカート男子もいます。ジェンダーレスは急ピッチで社会の目に見える場所に溢れ出しました。女性の鉄道オタクも増えて運転士となったりする時代、ジェンダー領域での相互乗り入れは当然でしょう。女性に好まれる男子像が変化したことも男子フィギュアが急速に強くなった理由かもしれません。

親子関係も急速に変化しています。第3章でとりあげたように、エマニュエル・トッドは親子関係が自由主義的か権威主義的か、兄弟関係が平等か非平等主義か、という二つの視点を用いて四つの家族類型に分類しました（＊3）。もともと個別の家族を対象とする議論でないのを承知の上で、学生たちに、かりにこういう四分類で考えたとき「みなさんの家族はどんな関係性だと思いますか？」と聞いてみると、いまやすっかり家族関係は、親子関係が自由主義、兄弟関係は平等主義で分類を選ぶなら、「平等主義核家族」であるという学生が多くなりました。その割合は年々増えているように感じます。私も自分が育った家族は「権威主義家族」的だったと回顧しますが、自分が作った家族は「平等主義核家族」になったとしか思えません。

また、首都圏の郊外住宅地で育った学生たちからは、家族の様子を漫画にたとえるなら

「うちの家族は『クレヨンしんちゃん』みたいだった」という声もよく聞かれます。しんちゃんは母親をときおり「みさえ」と呼び「オラと母ちゃんはお友だちなのヨ」と宣言する友だち母息子漫画です。フラットな親子関係の延長に、青年になったときに友だち付き合いのような母息子関係が残ったとしても不思議はありません。

原田氏は「ママっ子男子は世界標準への揺り戻しである」と述べました。私は家族に世界標準があるとは思いません。けれども、「親子関係が自由主義、兄弟関係は平等主義」で個人が互いの生活領域を尊重する関係性を当たり前と感じながら育つ人が増えたら、社会に革命的な変化がもたらされる可能性があると思います。それは、フランス人に多いといわれる「平等主義核家族」的な価値が、日本にも浸透することを意味するからです。

SNSによるコミュニケーションと親子関係

これからも仲の良い母と息子、そして言葉によるコミュニケーションの多いフラットな家族は増えていくでしょう。わざわざ「ママっ子男子」といわずともよい時代がやってくるのではないでしょうか。コミュニケーションツールは格段に変わりました。いまでは、LIN

Eなどのでの家族グループを持っている人は珍しくありません。子どもの方から作ってくれと言われた親が多いのでしょう。子どもがいると次世代の遊びやテクノロジーを親も使うことを意外に強いられます。六〇年代以降生まれの「ママっ子男子」の母親世代は、社会人のころはまだワープロで事務仕事をしていて、職場にパソコンがやってくる前に引退してパソコンには不慣れな人も多いのですけれど、ポケベル、PHS、携帯、スマホ、と次々に出てくるコミュニケーションツールにはなんとか対応してきました。そうすると、同じ世代の友だちもつながりやすくなります。

LINEには、スタンプなどによるアイコン表現もありますが、基本的には言葉を介してやりとりしなくてはなりません。SNSを頻繁にやりとりする関係性とは、日々言葉で伝える訓練をしている側面もあります。アルバイトやサークル、そして母も仕事が入っていてスケジュールの調整をするのが当たり前となり、家族のコミュニケーション方法は激変しました。その関係になれている世代からみると、SNSを使わない祖父母世代とはどうしてもコミュニケーションの様式にズレがあり齟齬が生まれます。面倒な上に費用がかかる電話しかない実家に、頻繁に連絡をとるのが精神的におっくうになってしまうのです。結果的に、二世代のコミュニケーションのみが濃厚になり、核家族性が強まる可能性もあります。

それぞれの生活で忙しいスケジュールをぬって、ときおりSNSで連絡を取り合い、時間と場所が合えば会ったりビデオ電話で話したり。そんな関係性はもはや「ママっ子男子」などというようなものでもなく、大人になった息子と母親のありふれた関係でしかないでしょう。

失われる豊かさと母のこれから

しかし、羽生結弦のように移住先のカナダにすら同行して生活支援に徹することができる母親と、一家の経済を支えながら、毎日スケートリンクへ車で送り迎えしてくれる父親を持つという幸運を持つ子どもは少ないはずです。羽生結弦がいかに生まれ持って豊かな才能があろうとも、それを開花させるだけの時間や金銭を家族が持っていなければ、選手として生き延びることすらできなかったでしょう。

浅田真央の親は子ども二人にスケートを続けさせることはどうにかできましたが、母親は苦労をしていた様子が漏れ聞こえます。父親も当初は金銭的な支えに奔走し、ほどなくして娘が家計を支える側になりました。複雑な家族の事情を抱えていた浅田真央は、家族の影を引きずりながら厳しいアスリート人生を送りました。伊藤みどりの時代には、生活をまる抱えして教え育てる親代わりの山田コーチと、経済的支援をする太っ腹な経営者堤義明がいましたが、そういう個人は現代日本に今後現れうるでしょうか。

冬のオリンピックはやはり北の先進国の祭典であることは一目瞭然で、いま活躍している子どもたちは豊かな時代の申し子です。キリスト教文化圏では、イエスが貧しい家庭に降誕したという聖書の教えもあってか、才能ある子どもをGiftedと受け止める考えが浸透しています。たまたま贈られた才能ある子どもを、周囲は家族でなくとも支えるという発想が仕組みとして整っています。現代日本では支援を家族がやって当たり前で、社会で支える仕組みが機能していません。そこかしこに見出されていない子どもたちの能力が眠っていたり、また親の都合で潰されたりしているように感じます。

そして、これからは母親にも自分の能力を活かした仕事が家族生活外にある人も増えていくでしょう。一時代前であれば羽生結弦の母のようにアスリートである子どもの専属マネージャーになっていたような女性は、優秀なマネージャーとして家族の外で稼ぐ人になっているかもしれません。外部と調整し交渉し手配して選手に気を配る。それはとても重要な仕事ですし、お金にかえられる能力です。家族のために無償でその仕事についている母親たちの能力は、本来社会で活かされるべきだと思うのです。

貴重な人的資本を持つ大卒の女性たちの能力は、いまだジェンダー規範や組織の男女不平等という社会構造のなかで使われずに、家族に向けられているのが日本の現実なのです。羽生結弦の母の世代は、女性の学歴が高まったにもかかわらず、身につけた教養のほとんどを家族にふり向けているのです。世界中でお金も時間もかかる種目のスポーツや音楽の世界で若くして目立つ人々に、熱心な母親が多いアジア系が目立つのも偶然とはいえません。

団塊ジュニア世代以後になると、母親が仕事に出てギリギリの生計を維持している家族が増えます。バブル期世代に比べると、子どもにスケートを続けさせる時間とお金がない家も多いでしょう。「ママっ子男子」と母たちは、マーケティングのターゲットになる豊かさの名残りがある時代に登場しました。子どもや夫を後方から支える生活に充実感を得られる専業主婦の母親がおり、スケートの継続を可能にするほど父親の給料がまだ潤沢であった経済的に豊かな時代に、羽生結弦という一人の天才が生を受けたことで、二大会連続の金メダリストは育ちました。これからの時代、家族が支えずとも天才が生き延びられる環境が整わないのならば、彼のようなメダリストは日本に現れなくなってしまうかもしれません。

母に頼らないで子どもの持っている力を存分に引き出していくシステムを社会がつくれるのかどうかが、将来にも日本が非凡な人間たちを生み出す社会であり続けるかどうかを決めるでしょう。女性が家族の外で自分の能力を活かしつつも、子どもの能力をつぶさなくてすむシステムをつくることが子どもを持つことへの安心感を増やし、日本の少子化対策の鍵となると私は考えます。

【文献】

*1　原田曜平『ママっ子男子とバブルママ——新しい親子関係が経済の起爆剤となる』PHP新書、二〇一六年

*2　週刊現代「天才・羽生結弦を育てた『羽生家の家訓』——なぜあれほど、心が強いのか」(https://gendai.ismedia.jp/articles/-/41840)二〇一五年

*3　エマニュエル・トッド『世界の多様性——家族構造と近代性』藤原書店、二〇〇八年

第9章

「教育ママ」の現在と未来

マニュアルをつくる母親たち

母と息子の関係論とは煎じ詰めると、教育したい母と息子の確執をめぐる物語だと思います。この章では、いわゆる「教育ママ」の現在地点と将来について正面から語ってみましょう。それは、はからずも日本社会の未来を考えることになるはずです。

教育に熱心な母親への「教育ママ」という呼称は母親当人が好んで使うことはありません。この言葉が流行語になったのは、一九六〇年代後半のことです。一九六四年の東京オリンピック開催後の高度成長にひた走る日本社会と伴走するように、学力を重視した教育に熱心な母親が大量に出現し、メディアが戯画的にとりあげていった過程で用いられた言葉です。それは、息子の教育を祖父や父から託される側の母たちに向けた世間の代弁であり、もっと上手くやれるはずなのにとか、失敗するんじゃないよ、という〝父なるもの〟からの娘にむけた声であり、暗に揶揄する言葉であり、巧みに母親に重荷を背負わせる嫌な言葉です。

もっとも、教育に熱心な母親がマスメディアに現れる状況は一九一〇年代大正期からありました。一九三〇年代頃までには、すでに母親向けに家庭での育児・しつけと教育のノウハウを親向けに教える大量のガイドブックが出版されていたといわれています（＊1）。そう考えるなら「教育ママ」という言葉が使われていなくても、教育に熱心な母親はすでに数多くいました。ただ、一九三〇年当時の教育ノウハウ本の主な読者は、都市に住む新中間層に限られています。一九六〇年代後半に起きた現象の特徴は、勉強や学歴を重視する「教育ママ」が、農村地区にも広がり、階層差が減っていったところに変化があります。産業構造が激変し一億総中流社会が来るという期待とともに、「教育ママ」の裾野は広がりました。

「教育ママ」と教育熱心な母親

ところで「教育ママ」とはどういう母親のことをさすのでしょう。辞書的には「自分の子どもの教育に（過度に）熱心な母親」となります。これですと教育の中身はなんでもよいわけで、学校教育には限りません。幼い頃から包丁を持たせる「台所育児」とか、自然体験を重視する原体験教育などをさせている母たちも、別のやりかたであるにせよ教育に熱心な母親です。子どもの教育に熱心かどうかは、母親が意識していなくても、特定の時代と地域において「教育的である」と社会の人々が考えている内容に左右されます。

本田由紀は日本の母親全体が「教育ママ」化しているという認識に警鐘をならし、「非教育ママ」家族を注視することの重要性を強調しました（＊２）。私は「教育ママ」の問題は、同時に「非教育ママ」の問題も明らかにすると考えますので、ここでは「教育ママ」から捉えています。ただし、本田の議論でひっかかるのが「非教育ママ」＝〈教育しない〉家族と等号で結ばれているところです。

教育という用語の捉え方には、論者による違いが常に現れます。「教育ママ」と教育に熱心な母親は必ずしも一致しません。私が母親の教育についてどのような態度をとっているのかを分析するために使用した調査の質問文は、「知識や技能（勉強や料理など）を教える一週間あたりの教育的かかわり頻度」です（＊3）。いっぽう、本田が用いた調査の質問文では「子どもがよい成績をとるように、親としてもいろいろ手立てをこうじている」か、「子どもの成績について、親として特に手を打つようなことはしていない」かを二者択一でたずねています。

現実に使われる「教育ママ」とイメージが近いのは、本田の質問文にあるような〝成績〟に対して強く反応する母親でしょう。要は学校教育システムの内側に視点をとって、よい成績をとり、より偏差値の高い学校に入学することをめざす、といった目標に向けて行動する母親像です。この「教育ママ」は学校教育制度が社会の隅々まで行き渡っていて、学校の成績や学歴というものの価値が高いという神話が行き渡って初めて語りうる対象となります。

時代や地域が違えば「教育ママ」は揺らぐ可能性がありますが、いまのところは典型的な存在をみかけます。したがって、「教育ママ」という言葉を「子どもがよい成績をとるように、親としてもいろいろ手立てをこうじて学校秀才をめざす母親」をさすものとし、辞書的にいう教育に熱心な母親とは区別して使いたいと思います。

東大理Ⅲ合格一〇〇%の「教育ママ」

佐藤亮子氏(以下通称の佐藤ママ)は、ついに三兄弟だけではなく、末娘も東大理Ⅲに合格させた女性です。ご本人は弁護士の夫を持ち、英語教師歴を持つ専業主婦ですが、すでに手記は何冊も出版されているし、テレビにも出演し講演する機会も多いようで、まさに現代の「教育ママ」の象徴としてふさわしい方でしょう。ただ、著書には、こんな文章がありました。「私は子どもたちの教育に全力を注いできましたが、いわゆる『教育ママ』とはちょっと違うと思っています」(*4)つまり、ご本人は「教育ママ」と言われるのは心外のようですが、さきほどの定義にバッチリあてはまるので参照をお許し願いましょう。佐藤家は夫と妻が分業体制を敷き、仕事として子育てをこなす母親という、日本的な近代家族像にぴったりあてはまる家族です。

著書の内容をまとめるならば、母親が明確に目標を持ち、後方支援を徹底し、子どもには勉強する時間を提供し、父親が稼いでくる潤沢な資力のもと、実績がある外部機関(塾)の手を借り、父親の全面的協力体制のもとで、適切なノウハウがあれば一〇〇%東大理Ⅲに合格させられる、というマニュアルの開示です。「計画通りにやれば東大は誰でも可能だと思います」と述べられています。

この方のように一〇〇％の献身を公言せずとも、愛情とエネルギーをふんだんに注ぐ「教育ママ」は全国に無数にいます。そうなりたいけれども、まずは時間的余裕または潤沢な資力が確保できない母親がほとんどでしょう。だから、教育が階層の再生産をしていると懸念する議論では、この時間とお金が不均等であることを問題視します。「計画通りにやれば東大は誰でも可能」な社会では、親世代の時間と収入がシンプルに次世代の学歴に強く影響を与えます。その議論に対して、佐藤ママは明解な階層再生産エビデンスをマニュアルとともに提供してくれたのです。

母による受験のノウハウ開示の歴史は古く、戦前の主婦向け雑誌にも「愛児を成功に導いた母の座談会」といった記事がよく掲載されていました。今にはじまったことでもなく、常に根強いニーズがあるのです。本屋に行くとあらゆる受験マニュアルとともに、就職試験、公務員試験対策のあらゆるマニュアル本は棚を占拠しています。それにしても、東大理Ⅲに子どもが複数合格すると、母親がマスメディアで祭り上げられていく社会は不気味です。合格したのは本人たちなのに。結局日本は、大学受験さえも本人の努力だけではすまないと、みなが理解しているという事実があらためて露呈したといえましょう。

じつは読んでいて、長男が筆圧が高すぎる三男に諭している場面の会話が気になりました。

「あのな、受験は要領のいい奴から通るんだ。勉強のやり方にこだわるなら大学の数学科に行けばいいよ。受験に通りたいなら、要領よくやれ」

数学か医学かでそこまで本質的に違うものであるのか、私にはよくわかりませんが、東大生に要領がよい人が多いという傾向は実感しています。やはり要領のよさを身につけないと入れないからでしょう。限られた時間のなかで要領よく学び何かを処理する能力が大切な仕事は世の中に多いので、大切な能力ではあります。けれども、卒業後の世界では彼らの能力が生きてくる場所とそうでない場所があるでしょう。「受験のときだけ要領よく」と人生の場面ごとに切り分けて生きていく人もなかにはいるでしょうが、日本の秀才たちは幼い頃から「限られた時間のなかで要領よく学び何かを処理する能力」に水路づけられた人々であると感じます。

つまり、佐藤ママは子どもに迷わず受験に邁進する力を授けることに成功したのです。受験はゲームなんだと割り切り、母と子は雑念を（夫の意見すらも！）排除して一緒に勝者となりました。受験に必要でないことはすべてそぎ落とした合理的な時間の使い方を家族全員協力体制で行って、住居のレイアウトさえも決めるのです。優先されるべきは効率であるので、無駄な時間を子どもに使わせないよう、母親が極限までスケジューリングをし、雑用となる採点やファイリングも母がやり、覚えるべきことはあらかじめ書き出すのという念の入れようです。

筆圧が高すぎて間違えたら、消すときに時間がかかり後が残るのが三男の弱点だと見抜く力が母親にはありました。彼女の問題発見と解決能力の素晴らしさに敬服します。それにしても、彼女自身のその能力はどうやって育まれたのでしょう。試行錯誤はなかったのでしょうか。佐藤ママにはむしろ家庭の外でこそ、自らの素晴らしい力を発揮してほしかったと思います。

揺らぐ「教育ママ」の行動指針

「教育ママ」は一歳児から長期戦略をたてて早期教育をしていますので、困るのは入試制度が変わってしまうことでしょう。これまで日本の学歴社会は、世界ではさほど多くない入り口型入試を、批判をあびながらも存続させてきました。だからこそ受験に照準した「教育ママ」が跋扈できるともいえます。それでも、学校における成績をよくするという教育ママの目標は、成績のつけかたが変わったら行動を変えねばなりません。

たとえば、公教育における成績のつけかたは二〇〇二年に学習指導要領の改定とともに劇的に変わりました。相対評価から絶対評価へ、という側面が注目されていたのですが、当時の親にとって一番の驚きは「関心・意欲・態度」の導入による成績評価軸の変化でした。ちょうど公立の中学生だった私の息子はかなり痛い目に遭っていました。母親としての私は「教育ママ」ではなかったので、成績をさして気にかけてはいませんでしたが、それにしてもあまりの低さに驚いた記憶があります。自分が熟知している学問領域に限って観察しても、息子の能力と成績の間には相当なズレがあったからです。

このズレる感覚はよくあることだったようで、ママ友たちも騒いでいました。運動能力抜群の男子が同級生にいたのですが、その子の母親が「体育に三がついた！　ありえない！」と激怒していました。小学校では五しかついたことがないので、彼女は何かの間違いかと思い先生に理由を尋ねたら「体操服の着かたがよくない」と説明されたそうです。音楽の先生は、歌の個別試験の際に鳥が歌詞に出てくるシーンで、ある奇妙な振り付けをいれながら歌うように指示し、キチンとやらなかった子の成績を低くつけたようです。

要するにこの改革では「教師の指示に素直に従うかどうか」を成績に堂々と反映できるようになったわけです。義務教育の途中でこの変化を体感したからこそ、基準や成績の不確実性を親も子も認識できたとはいえ、最初からこの評価体系のもとで過ごしていたら、と思うとぞっとします。親も子も学力に対する自己認識をラベリングしてしまったかもしれないからです。この成績評価法はすべての学問や専門性に対する冒瀆です。英語ができる子、数学ができる子、音楽ができる子、体育ができる子、子どもたちは互いにおおよそ認識できています。成績に能力を反映させる気がないならば、最初から、「指示に素直に従う能力」という成績の評定を別に出せばいい。

このような成績評価のもと、いまどきの「教育ママ」は、提出物を日々チェックし、教師の指示に素直に従うように子どもを諭すでしょう。チェックするのみならず、提出物を自分が作成している親もめずらしくないと聞きます。自宅に持ち帰る提出物が多くなれば、合法的にカンニングできるわけですからね。文字どおり直接成績に親の意識と能力を反映させやすい時代になったのです。

そして、「指示に素直に従う能力」を身につけさせるよう幼い頃から育てる母親は以前にも増して「教育ママ」の能力を発揮でき、受験勝者になりやすくなりました。公立高等学校の受験競争で成績表の評価に占める割合は高いので、まさに親が命運を握る状況があります。大都市では、この事態をあらかじめ回避しようとする母たちの中学受験競争も熾烈ですが、これもまた親の受験と言われています。こういった日本の教育システムに乗って上位に入る価値そのものに、そろそろ疑問を持つ人が出てくるのも当然でしょう。

グローバル時代の「教育ママ」

学歴社会という枠組みであくまでも勝ち抜こうとする「教育ママ」たちの一部は、国内の大学を目指すという選択に疑問を持ちはじめています。同じ東アジアの中国や韓国では、以前から母子の米国留学なども目立っていたのですが、日本の母親にはさほど人気がありませんでした。日本にはしっかりした高等教育機関があり、卒業後には一流企業があるのだから、あえて留学する必要もないと考えられていたためでしょう。

ところが、ここ数年に開成や灘といった高偏差値の高等学校から直接海外の大学をめざす学生が目立ってきたと話題になりました。日本の将来への漠然とした不安が親子ともに広がっているのかもしれません。そういう志向を持った「教育ママ」の行動指針としては、まずは英語でしょうか。米国留学準備に向けたTOEFLやSAT予備校も乱立中のようで、ここにも莫大な教育資金が流れています。

脇道にそれますが、社会的な人的資源配分の観点からは、予備校などで教えるような優秀な先生方をもっと公教育の枠内に取り込めないものかと常々思います。中学、高校、大学予備校に加え、日本には公務員試験予備校、その他国家試験予備校、などあらゆる「学校に入るため」の塾や予備校があり、そこで多くの人が働いています。大学院生で大学教員をめざしつつアルバイトをしている人もめずらしくなく、一般に学部卒の先生方よりも高学歴です し知識の幅と深さは一段広い場合もあります。その人たちに、十分な賃金を払い、受験向けの知識でない学問を公教育の枠組みのなかで教えてもらいたいものです。

もちろん海外の大学への入学は日本の受験競争の文脈ではまだ傍流です。留学は決断に覚悟がいるため「教育パパ」の存在も欠かせず、結果的には夫婦で子どもの教育がどうあるべきかを考えざるを得ません。グローバル企業とも接点が多い大手町界隈の書店には、このところ、パパ向けに世界での活躍を意識させる育児/教育本がよく平積みで売られています。米国の大学は入学金も高額ですし、日本人向け奨学金の枠はあまりないことから支払える人は限られてきますが、私立の医学部などに行かせられる家庭なら可能な範囲なのでしょう。

Netflixで公開されている台湾TV番組「子供はあなたの所有物じゃない」というドラマには、毎回壮絶な「教育ママ」がでてきます。その徹底した学業成績重視ぶりとときに暴力をも伴うスパルタ教育は、現代日本におきかえるとリアリティがないほど苛烈です。そこで繰り返される目標は「海外の一流大学」への留学です。高等学校はその予備校的存在となっているらしく、塾と家庭教師と海外の大学で学んだ母親本人が子どもを文字通りシゴくのです。日本で起きている海外留学熱は、中国や韓国につづく後追い的なものにすぎないのだとすれば、結局のところ東京大学という目標がハーバード大学やオックスフォード大学に置き換わるだけで、「教育ママ」がターゲットを変えただけでしょう。

従来型学校システムからの脱出を試みる母

さらには、従来型の学校という場での優秀さをめざす「教育ママ」から脱している、教育に熱心な母親たちがいます。私は二〇一七年夏に研究のためイギリスに滞在しているときに、ホームスクーリングをしている母親たちと会いました。一人はイギリス人でAirbnbの滞在先ホストで、一人はアメリカ人でイギリスに同時期に滞在していた旅行者でした。両国ともにホームスクーリングが法に位置付けられていて義務教育の年代から自由に選べます。

親が自ら教える役割を担うのではなく、どういうカリキュラムがよいのかを調べたりする、〝教育を手配する親〟ですね。義務教育の段階からしっかりしたカリキュラムを持つe-learningを使いながら学ぶことが認められており、スポーツなどの地域アクティビティには参加し友人知人も作れる魅力的なカリキュラムが組まれていることもあります。夏には様々な旅行プログラムが選べて、「明日朝早くから行くんだよ」と一〇代の娘さんが楽しそうに準備していました。

アメリカ人の女性はベトナム人を養子にとっており、その子がホームスクーリングだとのこと。雄大な自然に囲まれたところに住んでいるので通うのも大変だから、という環境や治安面からの判断なのでしょう。初等中等教育段階で学校に行かなくてもよい選択肢があって自由でよいなあ、と話を聞いていました。これさえあれば、親側の居住地選択においても格段に自由が増えるからです。新型コロナウイルスでオンライン教育が注目されていますから、今後も世界で人気は高まるでしょう。

日本でも二〇一六年に「教育機会確保法」のなかにフリースクールや自宅学習が盛り込まれると関係者に期待されていましたが、最終的には削除されてしまいました。教育を学校という枠組みのなかにしっかりと閉じ込めておきたいという国会の、つまり世間の意思表示です。日本はそれだけ全域的に「学校に通学すること」にこだわっている社会だといえましょう。

とはいっても、現在根拠となる法律がないなか、母親たちは様々な試みをしています。日本の場合はまだ不登校がきっかけの人が多いようです。みずからもフリースクールを立ち上げているサイエンス作家の竹内薫氏は、学校に行かない子どもがじわりと増えている状況について、「不登校は時代遅れの教育を察知した子どもの脱出現象」と語っています（＊5）。現代とは学校という存在意義があらためて問われる時代です。

急速に変化している社会のなかで、小・中・高校だけが頑なに変化を拒んでいると感じさせられることがよくあります。大学にくればエアコンもありますし、服装も自由で基本的には一般社会とさほどの距離感はありません。先日小学校の教員友だちと話していて、「職場にエアコンがないから辛い」と言われてハッと気づかされました。連日四〇度近くになるような地域で、教員たちもエアコンなしで働いている。学校は過酷な労働現場の一つなのです。運動会の練習に時間を割き、人間ピラミッドで重大な後遺症を受けたり、熱中症で亡くなったり、ひどいいじめにあったりしながら、そこまでしていくべき場所ではないと一瞬でも感じてしまったら、行きたくないと考えはじめる子どもがいても不思議はありません。

私が現代の中学生なら本気で「学校に行く意味を見出せない」と不登校になりそうな気もします。勉強は自分でやったほうが効率よく頭に入るほうだし、気になるトピックがあると考えるのに没頭してしまうので、一斉授業というスタイルは苦痛でしかありませんでした。時間の自己管理は必要ですが、e-learning型のほうがよほど短期的に多くのことを学べた気がしています。そういう子どもも結構多いと思います。最近こそ反転授業とかアクティブラーニングなどを取り入れましょうという機運が急速に高まりましたが、主体的に考えたり学んだりといったスタイルに馴染む子はそのほうが向いているでしょう。

子どもが学校に行きたくないと言い出したとき、「教育ママ」と〝教育に熱心である母親〟は異なる態度を見せるでしょう。学校に行かない子どもを受け止めるには自分の時間とエネルギーを必要とします。〝教育に熱心である母親〟は子どもの意思をいったんは受け止めて自分の意識を変え、周囲の人々と連携して新しい教育環境を作るべく努力するでしょう。しかし、従来型の「教育ママ」はできるかぎり子どもを学校に行かせようとするでしょう。なぜなら、よい学校に行かなければ、偏差値が周囲の目に見える形になりにくいからです。学校システムから自立するという強さを持つのは、現代日本では誰にとっても大変なことです。

しつけとしての家庭教育

教育という言葉で考えられている内容は、人によって大きく異なります。日本語になったeducationの起源はeduce「引き出していく」なので、子どもに内在している何かを発達させようという含意がもともとあります。けれども、日本語の教育はしつけと同類なものと扱われてきたし、特に家庭教育でしつけと教育は分離されていません。過去の世論調査でも、「最近は家庭のしつけや教育する力が低下していると思うか」という質問文がありました。この質問文には、教育としつけという二つの意味が並べられています。しつけする力は低下しているが教育する力は多少向上したと考えると、答えに困ります。

しつけとは、もともと着物を仕立てるために仮に縫い付けておくという意味でもあるように、礼儀作法を身につけさせることをさします。しつけ（躾）にはあらかじめ正しい型がありますが、教育では常に正しい答えが用意されているとは限りません。そのため、教育者は子どもの疑問に対して、根拠を示しながら議論をするなど、幅のある対応力が求められます。子どもからは思いもよらない新しい発想がでて大人も常に試されるわけで、権威的に振る舞いたい人にはむずかしいでしょう。子どもを自ら学ぶ主体と考えるアクティブラーニングを日本で真に行うためには、このしつけと教育を区別できる感覚が浸透しなければ、絵に描いた餅に終わると思います。

教育をしつけと同様のものと考える社会では、問題には正解があります。異論を差し挟む余地が少なく、地位や年齢が上の人の知見や振る舞い、前例が参照されやすくなります。答えを用意する入り口型入試と相性も良いため、日本のみならず中国、韓国など儒教的伝統がある国でこの方式が続いているのも偶然ではありません。試験に出る範囲を確定させておくため、教科書が検定される必要が生じます。解答が曖昧となるような問題は出せません。いきおい入試が終わる高等学校終了までの勉強は、化石のように固まった部分に限定された学問を中心にインプットします。現代社会／歴史のような分野はなるべく触らない領域となります。現在進行形のアクティブな話題は入試と相性がよくないので、受験生は関心を向けなくなり、無駄な勉強領域として遠ざけられがちとなります。

教員社会学者から学生たちをみると古い知識を固定的にインプットされて入学してくると感じ、つくづく非常に迷惑な教育制度です。でも、社会学が許されているだけありがたいのかもしれません。中国には「自然科学」はあっても、真の「社会科学」はありません。「社会科学」は体制のありかたをも疑う学問となり、それは危険思想とされてしまうからです。

米国で話題となった「タイガー・マザー」は中国式の知識叩き込み型スパルタ教育を開陳しました(＊6)。日本語のしつけよりさらに厳しいやりかたです。多くの米国人による猛反発を招いたようですが、中国ではこれが当たり前の教育で正統だと彼女は主張します。「タイガー・マザー」の娘は一三歳くらいで母親に反発し爆発したようですけれども、米国の学校教育で育った子どもには中国式は耐えられなかったのでしょうか。東洋と西洋という二つの異なる教育法にはともに伝統がありますが、日本はどちらかといえば中国式に近い発想で長らく教育を考えてきました。でも、中国ほどの徹底はなく、やんわりとした「しつけ糸」で型にはめようとしている気がします。

アメリカという近代社会は、新しい技術やシステムなどを生み出すことを得意としてきました。アメリカ式は、正しい答えがあまり決まっていない前提で教育をするので、とりあえずやってみることが推奨されます。教育とはまず先人の知恵を徹底的に叩き込むところから、という中国式教育ですと特に子どもの頃の教育に自由に学ぶという仕組みはありません。現代社会に劇的に変化をもたらしている先進的なＩＴ技術のほとんどは、米国から来ています。そういう意味で、中国人留学生が知的財産を持ち帰っていると危機感を募らせるトランプ大統領の危惧はまったく見当違いとはいえない面もあります。技術が社会を映す鏡だとすれば、日進月歩の技術革新と「しつけ」型教育の相性はあまりよくありません。教える方の知識がすぐに陳腐化するからです。現在教育のしかたをeducationにシフトするプレッシャーが社会に発生しているとするなら、根拠はこのあたりでしょう。

「教育ママ」を悩ませるＡＩの登場

いまやどこもかしこもＡＩ騒ぎで、ますます「教育ママ」の悩みが増えました。ＡＩはまだ学校というシステムの枠組みに入り込んでいません。近い将来には多くの仕事がなくなると言われていたりするので、怯える母親もいるでしょう。まだＡＩが浸透した社会イメージの輪郭ははっきりしません。次なる時代は想像を超える変化がもたらされる中、将来を見据えて教育するのは確かにとても悩ましいことです。

私も確信を持った予測はできていませんが、印刷革命が人に求められる能力を変えた歴史的事実を手がかりにして考えています。活版印刷の技術がなかった中世には、教会に一冊しかなかった手書きの聖書を隅々まで丸暗記する才能が重視されていました（＊7）。聖職者たちにとって「記憶術」は何よりも大切なノウハウでした。その後、一五世紀半ばに印刷革命が起きて、誰もが母国語で書かれた聖書を手にできる時代になり、聖職者に求められる能力が変わり「記憶術」は廃れました。さらには、社会で知にまつわる絶大な権力を握っていた教会そのものの地位が低下してしまいました。教会に変わって知的分野での権力を握っていったのが、西洋における大学だったのです。

しかし、印刷革命から五〇〇年のときを経て、誰もがスマホを手にしながら、すぐに世界中に広がっている公開情報にアクセスできる時代が到来しています。マスメディア中心の時代に定番であった情報の集め方のノウハウは、いまや通用しなくなりつつあります。データがオープンになり、誰もが分析機会を得られ、論文も電子化されて世界中からアクセスできます。これまで、大学が保ってきた知的分野における独占的地位は、脅かされつつあるように思います。

結局のところ、時代の技術環境の変化は、誰が優秀であるかという基準をも変えてしまうのです。しばらく安定していた時代が終わり激しい変化の渦中にあるのが現代です。未来の

「できる子」は教員には、もはやわからない時代だとも思います。若い人は家や学校で自信を失っている暇があったら、どんどん新しいツールを使って勝手に学べばよいのです。世界中の知恵者から動画やテキストで直接学べる時代なのですから。ところが、多くの親や教員は自分の権威を保ちたいがゆえに、自分の知る範囲に学びを制限したがります。制限をした方がいい情報もあることは否定しませんが、学歴に自信のある親たちは「自分の方が知っている」という立場から、逆に子どもの情報取得を狭めているように感じるときもあります。

大量の情報が溢れかえっている現代には、そこから大事なものを選択して使う力がますます問われます。情報の取捨選択がなされてわかりやすく解説する家庭教師、塾、予備校のありがたさに慣れてしまうと、本当によくわかっていない領域を調べたり考えたりすることを面倒に思うのではないでしょうか。それに、本当に新しい知見は本の中から得られるとは限りません。

いまは街を歩き、人と交流し、自然を味わうなかで地球で人類が生きていくための知恵を探す力が問われています。無知な子どもに教えてあげよう、というしつけ的な態度で行われるすべての行動は、次世代にむけた「教育」として有効どころか、ときに害悪ともなるでしょう。AIのディープラーニングの世界ですら、曖昧なものを取り込んでいくのです。なのに、曖昧さを排除したほうが受験に役立つと佐藤ママは考えました。宵待草の花の色は黄色、と書いてある本と薄黄色と書いてある参考書があると小学生は迷ってしまうから、テキストは一つにしぼったほうがよいとアドバイスしているのです。

こんな暗記教育を私なら絶対にしたくありませんし、そういう勉強の行きつく先が一流大学合格でありつづけるなら、合格という価値に対してもはや信頼はもてません。花の名前を全部植物図鑑で効率よく覚える教育が、人類にとって現代に求められる知でしょうか。薄暗い夕暮れにきれいに咲いた宵待草が私は大好きです。だから、子どもと一緒に立ち止まってゆったり眺めたいと思います。

図鑑で覚えさせるなら、AIにさせておけばよいのではありませんか。反復練習と暗記こそはAIの得意とするところ。その能力はじきにロボットにお任せできるでしょう。子どもは幼い頃から五感、ときには六感をも存分に鍛えて発達します。花の隣に転がっているかもしれないダンゴムシの死骸や、夏の夕暮れに長く薄くのびた光、草の匂いとともに、子どもには宵待草を記憶してほしいと私は考えていました。

生物としての人間を理解するには、二次元の写真では足りません。まだ六感まで備えたロボットが出現するまでには、時間が稼げそうでしょう。医者は生物でもある人間を診る人のはず。あまりにも体験に重きをおかない知識と暗記重視の教育で受験に合格し、トップ大学で医者になる社会だとしたら、まるごと人間を診る職業への信頼が揺らぎます。

習い事に奔走する母親たち

ところで、「教育ママ」は実際のところどのくらいいるのでしょうか。本田によれば一九九五年時点で、小、中学生の母親のうち、「子どもがよい成績をとるように、親としてもいろいろ手立てをこうじている」人は三分の一の程度にすぎませんでした（＊8）。二〇〇九年に行われた全国家族調査によれば「知識や技能（勉強や料理など）を教える一週間あたりの教育的かかわり頻度」は子どもの年齢が七〜九歳でピークを迎え、平均で週あたり三・七回になります（＊9）。平均としては十分な頻度であると思います。小学校高学年になるほど高学歴な親の教育的な関わりが増える傾向があるので、受験対策が推測されます。ちなみに、母親が教えていることは勉強には留まらないという意味合いを、私は強調したいと思います。日本の教育に熱心な母親を象徴する行動が、様々な習い事活動にこそあるからです。

二〇一八年の冬、東京圏で小学生の子どもを持つ母親たちにインタビュー調査を行ったとき、強く印象づけられたのですが、ほとんどの母親たちは習い事活動にとても熱心でした。スイミング、武道、ピアノ、サッカー、などあらゆる習い事を子どもにさせており、その送り迎えで忙しい。もちろん公文や英語など勉強につながるものもありますが、とにかく子どもの日常は習い事に追われており、その送り迎え行動で母親も忙しいのです。まさに、母親は自分で教えるのみならず、「教育を手配する親」なのですが、習い事は将来の職業も視野にいれた投資行動のように見えてしまいました。

話を聞きながら、二〇一七年夏にインタビューをしたイギリスの母親たちを思い出して比較してしまいました。学校からの宿題をみてやらなくてはいけないところは同じでしたけれど、子どもの習い事に奔走している母親は少なく、子どもが好きな地域のアクティビティに少し参加している程度が一般的でした。日本の母親はとにかく子どもファーストの日常を送り、父親はといえば相変わらずほぼ不在で仕事にかかりっきりです。

でも、習い事が多いからといって、日本の方が教育の質が高いかどうかは別だと思います。たとえば、ロンドンでよく植物園に通っているという親子に会いました。王立植物園の年間パスを持っているそうです。この母親は忙しいワーキングマザーで「教育ママ」ではありませんが、教育に熱心な母親の一人といえるでしょう。王立植物園は私も行ったことがありますが、まさに子ども向けにアクティブな勉強のためのしかけが巡らされている素晴らしい場所です。また、その子はＩＴに関心が高く能力が認められているそうで、学校で行われているＩＴ教育の追加授業を受けていました。補習ではなく才能を伸ばすための授業です。保護者の出費は必要ありません。家庭でも学校でも、なんと贅沢な教育を授けているのでしょうか。植物図鑑にとどまらない生の植物を観察して得られる知識は、彼の身体に刻まれていくことでしょう。アフリカ系移民で決して裕福ではないひとり親の子どもとして、順調に社会に育まれている様子でした。

未来を変える母親の教育

日本で母親の多くは、いまここにあるものを楽しんだり味わったりする経験を重視しません。料理を味わわずにメニューを覚えて健康ドリンクを飲みなさい、と言って食事を済ましているような感じです。勉強にとどまらずに習い事ごとのすべてを、将来に役に立つ手段とみなしています。職につながる可能性があったり、あるいは、努力する力などが身につけば「役に立つ」と習い事が選ばれるのです。その子が何をほっしているのかをあまり気にしないインプットなので、子どもが嫌がっていても途中で簡単にやめさせません。受験して進学した先には、就職、そして結婚というイベントに追い立てます。子どもはいつ本物の人生を味わうのでしょうか。

そして、学力に限らずにあらゆる習い事で結果を出すことを期待しがちです。最初に「教育ママ」とは、「子どもがよい成績をとるように、親としてもいろいろ手立てをこうじている」母親と定義したのですが、さらに拡張したほうがよさそうです。「子どもが勉強に限らず習い事などでもよい成績をおさめるように、親としていろいろ手立てをこうじている」母親が現代的「教育ママ」なのです。内容はスポーツでも、音楽でも、ダンスでも将棋でもかまいません。ステージママの熱狂は、現代における「教育ママ」の一形態となっています。

一握りの「成功した子ども」をつくる競争の代償が、社会のそこかしこに表れています。

こういう教育熱心さは日本の未来をひらくでしょうか。母親の熱心さと本人の欲求が運よく重なり合えば特殊分野で高い能力を発揮できる場合もあるでしょう。けれども、一般に中学受験をする子どもは、小学四年生頃からは、長期の夏休みも塾通いをしはじめます。感性のやわらかい時期に塾で長時間受験勉強をするということは、その間に旅行をしたり本を読んだり別の興味あるものに熱心に取り組んだりする時間を失い、二度と取り戻せないということを意味します。様々な経験をすることを通じて、子どもは何かを自分で選んでいきます。選ぶ前に親がやるべきことを決めてしまっては本人が若いうちに自分のやりたいこと、やれることに気づくチャンスを奪います。

私が二人の子育てを終えて唯一学んだことがあるとすれば、親には子どもの才能を見出したり将来に向けて適切に進路を選んだりする能力はない、という冷徹な事実です。未来の世界を生きる上で、学力の「高偏差値」を目指しておけばあとは選べるはずだという考え方は、価値軸が偏差値に偏っており、間違っていると思います。入試に打ち勝つ力は人間の能力の一つにすぎず、未来で有効かどうかもわからないのに、母親はなぜそんなに自信たっぷりに選べるのでしょう。

現代の教育する母は、過去のように自己犠牲的な弱者の振る舞いをしなくなったことは確かでしょう。韓国では母親にとって教育はいまや高学歴女性の「自己実現」となったという指摘もあります（＊10）。しかし、独立した人格として生まれてきた子どもを、自分の「自己実現」の手段に用いてよいはずがありません。この親子関係における母子分離意識の薄さの問題性が、東アジア圏全体で問われていると私は思います。母親の熱心すぎる教育は、子どもの権利を侵害する虐待と紙一重でしょう。

世界がこれからどうなるのかなど、大人にもわからない時代。だから、親は目の前にいる子どもを見て、成長のときどきに子ども本人が熱意を持って求めてきたことを、できる範囲で提供していく役割しか果たせません。よかれと思って親から提案して始めることがあったとしても、決して強制すべきではないでしょう。そうすれば、子どもは自ら引き受けるべき人生を得られます。日本の未来は、母親たちが「教育ママ」であることから降り、自らのためでなく真に子どものために教育することへの熱意を持てるかどうかによって、大きく変わるに違いありません。

【文献】
＊1　広田照幸『日本人のしつけは衰退したか――「教育する家族」のゆくえ』講談社現代新書、一九九九年
＊2　本田由紀「『非教育ママ』たちの所在」本田由紀編『女性の就業と親子関係――母親たちの階層戦略』勁草書房、二〇〇四年
＊3　品田知美「子どもへの母親のかかわり」『日本の家族1999-2009――全国家族調査［NFRJ］による計量社会学』東京大学出版会、二〇一六年
＊4　佐藤亮子『受験は母親が9割――灘→東大理Ⅲに3兄弟が合格！』朝日新聞出版、二〇一五年
＊5　「日本で広がるか？　家庭で学習するホームスクールとは（前編）――全州の法律で認め、支援団体が多数あるアメリカ」『Eduwell Journal』二〇一八年五月号、vol.63（https://children.publishers.fm/article/17695/）
＊6　エイミー・チュア『タイガー・マザー』朝日出版社、二〇一一年
＊7　メアリー・カラザース『記憶術と書物――中世ヨーロッパの情報文化』工作舎、一九九七年
＊8　本田由紀、前掲書、二〇〇四年
＊9　品田知美、前掲書、二〇一六年
＊10　柳采延「自己実現としての教育する母――韓国の高学歴専業主婦における子どもの教育」『家族社会学研究』vol.27、no.1、二〇一五年

第10章

母は見捨てる

切断する母の論理

母性原理とはすべてのものを平等に「包含する」機能であり、父性原理とはすべてのものを類別し「切断する」原理だといわれます（＊1）。性別役割分業がはっきりしていた一九五〇年年代の米国では、T・パーソンズのような機能主義の社会学者が、家族で期待される機能の担い手を生身の母親と父親にそれぞれ単純に割り当てたこともあり、その考え方が社会を席捲しました。日本にはもう少し後の六〇から七〇年代にかけて輸入され、家族関係の基礎的概念として広く流布しています。母は優しく包みこんで甘えさせ、父は社会の厳しさを教えて子に頑張らせる、という役割分担を当然であるかのように推奨する人や専門家はいまもこの議論に与《くみ》しています。

けれども、ユングが男性の心のうちにある女性性の元型をアニマ、女性の心にある男性性の元型をアニムスと名づけたように、この原理はもともと一人の人間に備わっていると考えられたものです。機能主義を性別に割り当てられても、私たちはあまりに多くの例外を目にしています。優しく包含する機能を期待されている母たちが、子をいとも簡単に見捨てる例には事欠きません。母はどうして子を見捨てるのでしょうか。

本書のまえがきに書いた「起きなくてもすんだかもしれない犯罪」として思い浮かべている事件が二つあります。一つは、元やまゆり園職員植松聖が職場に舞い戻り、障がい者四五人を殺傷した事件。もう一つは、元農水省事務次官の父親に、ひきこもりがちの長男熊沢英一郎さんが殺害された事件です。私はすべての事件を社会的なものとして取り上げるつもりはないのです。猟奇的でサイコパスな人々はどの時代どの社会にも出現しますし、特異的な人たちの事件は他の学問にお任せいたします。

では、私はなぜこの二つの事件の家族関係を社会的な事象として受けとめたのでしょう。この一見したところでは関係もなさそうな二つの事件には、共通する点があり、それが日本社会にありふれた家族関係を想起させるからです。おびただしい家族の不幸を、象徴する事件にみえるのです。障がい者を殺害した植松聖と殺された熊沢英一郎さんは、父を尊敬していました。そして、母親である妻が夫に従属し続け、最後まで子に寄り添う姿勢はみせず、夫とともに子どもを切り捨てたように見受けられるところも共通点があります。

本章では、裁判記録や取材記事における関係者の発言など公開された断片的な記録をもとに、母と息子の関係性を再構成しつつ、社会学的な解釈を加えてみたいと思います。

息子を殺害されても
夫をかばい続ける母親

殺された英一郎さんの母親である熊沢被告の妻は、夫の減刑を涙ながらに嘆願しています。

息子を思いやる様子は微塵もありません。夫妻が結束して周囲から口を閉ざせば、密室となった家族のなかで何が行われてきたのか知ることはむずかしくなります。そしてこの家父長的な態度に終始した殺人者の官僚に、世間は信じられないほど寛容でした。ツイッターにも父親としての責任を遂行した英断であるかのように、誉め讃える書き込みが目立ち、農水省は減刑のために嘆願書を集めています。数多くの人々に共感をあたえる異様さが、このような家族が特殊なものといえない何よりの証左でしょう。

英一郎さんの母親、つまり被告の妻は教育に熱心で、息子を都内の有名中学に進学させることに〝成功〟しました。ところが思春期を迎える中二になると、息子は母親を愚母と呼んで殴るようになったのです。殺された英一郎さんのツイッターによると、親の教育方針は「テストで悪い点取ると玩具やプラモを壊す」というやり方だったようで、壊されないためだけに勉強し、「性格が螺旋階段のようにねじくれ曲がった私が完成した」と自己分析がされています。それでも、殺される直前まで英一郎さんは地位ある父をこきおろしたりしていません。彼は葛藤を抱え自問自答しながら、結局精神的な父殺しがかなわないままに、永遠の少年として四〇歳を迎え、無残にも尊敬していたはずの父にリアルに殺されました。

強い父が息子を支配していたモデルを真似るかのように、ゲームのなかに強い男性である自分を創造していた英一郎さんは「だから庶民は」とか「生まれつき貴族の私」とか「勝てば官軍」のような上から目線の言葉を吐きつづけていました。最後まで父の地位や裕福な身分にすがりながら自分の自信を保とうとしている、弱々しい男性像がそこにみえます。女性や弱者を見下し、人を勝者と敗者に分かつ現代社会に広がる価値観を疑ってはいない様子を彼は隠そうとはしていません。

母親は、「アスペルガーに産んで申し訳ない」と法廷で語りました(＊2)。なんで母親は「申し訳ない」などというのでしょうか。アスペルガーの人に対しこの発言は失礼なものですが、彼女はそう思っていないようです。母親は代々の資産家で、潤沢な不労所得を得られる資産を祖父から相続し(＊3)、高級官僚に上り詰める夫と結婚した経済的には何不自由のない人です。息子を殺めた夫は「もう少し息子に才能があれば、アニメの世界に進めたと思います」とこの期に及んで「才能」の話をしている鈍感な男です。自分に自信を持てないままに、そんな夫に最後までついていこうとする情けなさを、息子は「愚母」と罵倒していたのかもしれません。

英一郎さんは「お前らエリートは俺をバカにしている」と殺される直前に激昂したと母親は以前語りましたが、法廷で熊沢被告は「それらしい言葉はきこえた」と曖昧に言葉を濁しています。息子が抵抗していたのは、結局〝上級国民になれなければ家族にあらず〟という価値観ではないでしょうか。英一郎さんは抗うことなく父親に付き従い自分を守ってくれることのなかった母親を見下すことで、なんとか自分を保ったのでしょう。

いっぽう、女性であった英一郎さんの妹は自殺しています。家族力学のなかで最底辺に貶められ、自分を愛する力を持続することができなかったのだと思います。家族の価値意識に問題の根源があると、この夫婦は未だ理解していません。この救い難く偏狭な価値空間に閉じ込められたまま、娘は自殺し息子は殺され、子どもたちは不幸にも二人ともこの世から消えてしまいました。いえ、この価値を維持する人々に消されたのだと、はっきり言いましょう。

「歌手や野球選手になれないから」殺人者になった息子

もう一つの事件で、重度の障がい者を殺害した植松聖被告は、裁判で遺族に「事件はあなたのコンプレックスが引き起こしたのではないですか?」と問われ、「あんなことをしないでいい社会にしたいと思います。私が歌手だとか野球選手になれるなら別でしょうが、そうでない自分にはできることをするしかないと思いました」と語っています（＊4）。ジグムント・バウマンのいう「有名性を賭けたレース」（＊5）を人生において、まさに実行しているのが植松聖なのです。

ジグムント・バウマンは現代社会の特徴として、個人が不死性を獲得するための王道が名声から有名性に取って代わられたことをあげています。バウマンによると「有名性を賭けたレース」では、かつてなら名声への入札権を独占していた「科学者、芸術家、発明家、政治的指導者」、といった人々も、「人気歌手や映画スター、通俗小説家やモデル、ゴールストライカーや連続殺人鬼や離婚常習者たち」以上に有利なわけでなく、みなが同一の条件で争い、それぞれの成功が販売部数やテレビの視聴率で測定されるようになったのが現代だと言っています。今ならばツイッターやインスタグラムのフォロワー数やユーチューブの視聴者数といった数字になるかもしれません。戦後最大人数の殺人を犯した植松はすでに有名性を獲得し、肥大化した自己愛を満たしたのでしょう。残念ですが過去にもそのような動機のもとに犯罪をする者たちがいました。

自分よりも生きる価値のない人を線引きして殺すという態度は、彼自身に向けられていた社会の、そして家族の目線とも重なります。父親の後を追って教師をめざした明るく優しかったといわれる植松聖は、大学に入ってから変化し、刺青をいれて彫師になりたいと言い出します。そのことに両親が否定的な反応を示したあたりから関係が壊れていき、母親への暴力がなされました。「父親は尊敬しているけれども、母親のことは自分のいいなりで、たいした存在じゃない」と思っていたようだと、隣家の住人が語っています（＊6）。子どもの頃は「真面目で普通の子」だった植松聖は、隣人男性の目からは強い者には従う弱い子にみえたようです。子供会の行事にも率先して出てくる模範的な父親のもとで育ち、誰とでも仲良くなれる息子。他方、隣人から語られる家族像から母親の存在感は見えてきません。隣家の人は母親については、ときおり泣き叫んでいたということぐらいしか語られていません。あまり地域と活発な交流をする母親ではなかったのでしょうか。

植松聖はいま獄中で漫画を書いているようです。一時は彫師に憧れをみせていた植松聖は、描画の能力はとても高かったのでしょう。ようやく獄中でその力を発揮しているのだとしたら、皮肉でしかありません。もともと日本の彫師による刺青は世界に誇れる伝統芸能でした。ですが、いまの日本社会で刺青をすると、即座に職業差別を受け社会的に排除されがちとなります。彼は刺青のこともあって、教師など身分の保障をされた職業には入りにくくなりました。

あえて家族と社会を試してみたい願望があったような気もしますが、両親はともにそんな息子を認めず、家族からも社会からも差別されたあげく、やまゆり園という職場に拾われました。そこで精神的な父殺しができないままに、自分よりさらに価値が貶められた存在対象を探して、障がい者を差別する思想に傾倒していったようにみえます。絵を描く力をどこかで発揮することができていたのなら、こんな事件を起こさずにすんだかもしれません。

植松聖は、「あなたは、もしかすると、障害児を育てるのに苦しんでいる母親を救いたいと考えたのではないですか」という被害者家族の質問に、素直に「はい」と答えます（＊7）。その母親の苦しみはどこからくるのでしょう。被害者たちが裁判をとおして甲Aや乙Bと呼ばれる様は、そのまま社会からもたらされる家族の苦しさを物語ります。

障がいを持つ子どもを産んだ母親は、実際に手がかかるという生活面で苦労することもありますが、加えて「申し訳ない」と周囲から思わされたりします。またその子にきょうだいがいる場合、結婚に差し支えたり、といった現実にさらされます。世間を代弁したにすぎないと植松被告は考えているようにみえます。だからでしょう、かわいい我が子をなくして悲嘆にくれている親たちが裁判でいくら問いかけても、彼の信念は強固でゆるぎません。

たしかに病院や施設に子どもを入れたまま顔を出すことがない親はめずらしくない、これは真実です。私は福祉系学部の教員でしたので、重度の心身障がい者の入所している病院を巡回することもあり、現場の方からも足繁く通われる親もいれば、まったく顔をみせない親もいます、と聞いたこともあります。重い障がいを持った利用者が中心の施設で、自分が知っていた人間像を超えた姿の方々と会いました。入所されている方は話せなくとも見慣れぬ私がきたことに必ず気づきます。「お邪魔しています」と声をかければなにかしら反応が返ってきます。その反応を感じとることができない人もいるでしょう。生まれたばかりの赤ちゃんの心をどう受け止めたらいいのかわからない人もいますし、共感能力には個人差があり、母親だからといって誰でもできるとは限りません。だから、家族や介護施設の職員が意思疎通ができると思っている人でも、植松被告は本当にできないと思っていたかもしれません。

普段施設にこない親たちは、メディアに登場することはないでしょう。自分や家族親族が差別されるから、実名を出せないという現実があることも理解できます。子どもに障がいがあるからといわれのない差別を受けて、社会から最も傷つけられているのは母親たちなのです。この事件の裁判で、娘の名前を出すという一歩を踏み出してくれた母親がいてくれたことが、せめてもの救いだと思いました。

息子はなぜ母親に暴力をふるうのか

二つの事件では、経済的に不自由のない核家族のもと、尊敬する強い父のもとで育った息子が成長とともに母親に暴力を振るい始め、その後親が二人で子どもを見捨てるにいたったという、とてもよく似た家族の関係性がみられます。息子の一人は父に殺され、一人は自分より弱い者たちを殺しました。けれども、両家族ともに幼い頃から思春期頃までは、両親に放任されていた様子はありませんし、むしろ植松聖は溺愛されていたという友人のコメントもあります、熊沢英一郎さんは教育ママのもと手厚く育てられました。「父性の復権」を訴える方面からは、どちらかといえば理想の家族にみえるのではないかと思うほど、ありふれた家族の形態です。

一般に息子が父を尊敬しているとき、同性としての男性に同一化して成長していると解釈できます。その尊敬する父親が妻である母親を尊敬していたとしたら、息子は母親を「たいした存在じゃない」、と見下したでしょうか。この二つの事件の家族では夫婦が共依存の関係にありつつ、夫が妻を見下している精神的なDVの状況にあったと想像します。結婚後、妻は外部世界との深い交流が少なく、夫に囲われて籠の鳥のように人生を送りながら、頼り甲斐のある夫に従い、夫に判断を委ねている夫婦です。子どもからみたら、大人が二人いる状態とはいえないので、頼りにならない母でしかないでしょう。このとき、家族のなかで価値あるものは、父親が手にしている地位と権力に一元化してしまいます。よい職を手に入れられない男に、存在価値はないというわけです。家族の内部で「包含する」原理が存在しえず、「切断する」原理のみが一元支配しているのですから、文字通り見捨てられ切り捨てるという価値に支配されてしまうのです。

植松聖の母親は元漫画家だといわれています。漫画を描く母親が、たとえ稼ぎが足りなくても、漫画を描くことを楽しみ、自分に満足できていたのなら、イラストを描く息子とともによい人生を送れていたのではないでしょうか。母親は漫画を描く自分を否定し、その延長で、息子の否定をしているように思えるのです。植松聖の犯行後の発言を見る限り、人間が生きて、生活して、存在しているだけで素晴らしいというメッセージを、息子は家族からも社会からも受け取れずに成長していたとしか思えません。

母親自身が報われることの少ない世の中では、家事や育児などの無償の労働をこなして過ごしていても、社会はその価値を取るに足らないものと無視しようとします。特に、日本は有償労働こそすべてという価値意識が強い社会だと、私は常々考えてきました。新自由主義は追い打ちをかけるかのように末端の人々の意識にも入り込んで、常に人を勝者と敗者に分け続けますが、その波は障がい者にも及んでいます。乙武洋匡は障がい者を弱者にカテゴリー化する見立てを払拭し、障がい者は「不便なだけで不幸ではない」であると語り大ブレークしました。また、パラリンピックの人気も浸透して、障がい者もアスリートになれるという知識が浸透したことはすばらしいと思います。

ただし、この考えかたの浸透は諸刃《もろは》の剣《つるぎ》にもなります。障がい者を一律に弱者とみなさない自由を広めたと同時に、障がい者間での格付けをもたらしかねないからです。実際に、植松は「重度障がい者は不幸をつくる」と述べ、〝重度障がい者でコミュニケーションがとれない〟人を選んで殺害しました。

いまや、あらゆる特技で目立ってほしい、と親たちは早期にお稽古ごとや勉強へと子どもたちを追い立てます。障がいがあっても例外とはいえず、ペンネームダブル手帳さんは幼い頃からドーマン法という民間療法の訓練を受けさせられ、虐待を受けていました（＊8）。ダブル手帳さんは「『意思疎通できない障害者には生きる価値がない』に対する応答は、決して『いや、この人達も意思疎通できているかもしれない』であってはならない。『意思疎通の可否と生きる価値は関係がない』であるべきだ」と力強く述べています。私も心からそう思います。

教育という名の虐待

最近は「教育虐待」（＊9）といういいまわしさえもあるように、まさに限りなく虐待に近い教育行為をしている親は多数いるはずです。中学受験の指導が高じて息子を刺殺し衝撃をもたらした「名古屋教育虐待殺人事件」の父親佐竹憲吾被告も、事前に息子のゲーム機などを壊していたそうです（＊10）。「名古屋教育虐待殺人事件」で殺された息子の母親もオロオロしていただけの弱い存在だったようで、息子は殺害されるまで父親を尊敬していたというところは、熊沢英一郎さんの家族関係とそっくりです。残念ながら佐竹被告の息子は思春期を迎えることなく短い生涯を終えていますが、もしも成長していたら、別の事件や世代間連鎖が起きていたかもしれません。佐竹被告の生家は祖父の代から薬局を営んでいました。殺人者の父も、妻子のいる前でこたつ天板の上に出刃包丁を突き刺したことがあり、勉強のために部活動をやめさせるスパルタ教育を行っていました。まさに世代間連鎖が起きていたのです。

母親は長期間にわたり異常な父親と息子の関係を知りながら放置しているのに、自分が親としての責任があったと感じている様子がみえません。あくまで怖い夫に怯えていただけの、弱い妻の立場を強調します。しかし、なぜそんな異常な関係のまま結婚生活を続けてしまうのでしょうか。離婚してひとり親世帯になったとたんに経済的に困窮してしまい、十分な社会保障が受けられない社会では、女性の立場が弱くなりがちです。そのため異常な家族関係であっても持続せざるをえない場合もあるのだと思います。

一般社会では「器物損壊」は立派な犯罪ですが、家庭内で子どもに対して大人がゲーム機を壊しても訴えられることはまずないでしょう。思春期を迎えた後に、強い父に歯向かえない弱い息子は、弱い母にその矛先を向けることがあります。家庭内暴力で息子が母親を殴ったり、物を壊したりしはじめたときにも、すぐに被害届を出す親などいません。それに、このタイプの家族関係では息子が社会階層の上位につくことを期待して行われる厳格なしつけなので、外部に恥をさらすことはないでしょう。熊谷被告が外部に助けを求めなかったのは当然で、強者として自分の敗北を認めるわけにはいかないからです。熊谷被告はわずか六年の実刑判決を受けましたが、控訴し保釈も認められています。結果として息子との生死をかけた戦いに勝って、彼は人生を終えるのです。

家族のなかでの弱い存在であった母親を愚弄したり暴力をふるったりという行為を経験した息子は、〝強い男〟としての存在に向けて、階段を一つ登りたかったのでしょう。すでに女性嫌悪（ミソジニー）がここに出現しています。けれども尊敬する父親が母親と共依存している以上、母を殺すまでにいたることはできなかったのでしょう。父の生存の基盤がおそらく母にあるからです。強い父を乗り越えて成長していくためには、精神的な父殺しを支えるメンターや環境が必要です。しかし、熊沢被告も植松被告の父も仕事の上でも地域においても立派で評判のよい存在で、息子たちには高いハードルが課せられていました。よい大人と出会えなかった息子の不幸を感じます。

私はこの事件に関わる母親たちに、自らの人間の尊厳をかけて息子に抗う第一歩を踏み出してほしかったと願うのです。もちろん、その一歩を踏み出せなかった理由は、長年にわたる精神的DVであったかもしれません。結婚生活を通じて「お前はどうせだめだ、何もできない、能力がない」などと思わされている妻はとても多いからです。その辛さは弱者である子どもに向かい、「なぜこんなこともできないの」と叱咤したあげく、「こんな子どもを産んでしまった私」という自虐の言葉にいたる回路が完成してしまいます。

しかし、大人であるなら父親である夫と対峙してほしかった。厳しいことをいうようですが、自らの生存を夫に委ね、保身をはかるのは息子への裏切りでしかありません。夫に精神的に頼り切る人生でなければ、息子の側に立った判断もでき、悲惨な事件は起きなくてすんだかもしれない。息子を名門校に入れて、よい職業と地位を得ることが母親の存在証明だと、社会から圧力がかかっているから、自ら加担しなくても見て見ぬふりをして結果的に共犯となるのです。もうこれ以上母親たちに、誰かのせいにして先送りしてもらいたくないのです。

この事件の母親たちのように、夫に従いながら子どもに期待をかけて育てていて、成長したあとに期待に添わなくなったからと子どもを見捨ててしまうなら、いっそ早めに捨てられて断絶してしまうほうが子どもにとって良いのかもしれません。極端な行為をしてくれたほうが、子どもが親に見切りをつけやすくなるのでは、と思う話を聞いたからです。

ゆたかさん（仮名）は、高校を卒業すると同時に親に文字どおり捨てられました。学校から帰宅すると彼の荷物がすべて家の外に出してあったそうです。育児放棄の対象からはずれる一八歳という時期を見据えた、法的には自分が責任を問われないタイミングでの、子捨て。その日から、彼は身一つで生きていくことを迫られました。実母が再婚し、継父と住んでいた彼は、幼い頃から父親からは無視され続け、母親からは嫌われて、お仕置きとしてよく押入れに閉じ込められたそうです。ゲイであると知られると、さらに気味が悪いと親から避けられ、学校でもイジメられた日々。その後新宿二丁目という懐の深い街に辿り着いた彼は、ようやく自分の居場所を得たのです。もちろん、捨てられた彼を拾い、慈しみ育てたバーのママの存在はとても大きいでしょう。逆説的ですが、ゲイだからこそゆたかさんは濃密なコミュニティに出会えたのかもしれません。

彼が語ってくれた印象的なエピソードがあります。

子どものとき、母親に「友だちの母親がピアノの先生をしているんだ」と話したら、「どうせ私は何もできないわよ」と母親から反応が返ってきたそうです。落ち込んでいるとき、家族にそういう反応を返してしまったことは、私にもあると思いあたり、ドキッとさせられました。つまり、子どもを相手に甘えているのです。母親は自分のことを誰かに「よしよし」、としてほしかったのでしょう。ゆたかさんは「ああ、この人は自分のことを愛せていない」、と直感的に理解しその会話のやりとりを覚えている。なんと繊細で感覚の鋭い子どもでしょう。彼はすでに母親より大人だったのだと思います。

自己を肯定する力が弱い人は、その秘密に気づいてしまう人間を極端に怖がります。自分を守るために、普通の会話をしていても過剰に反応します。母親がきょうだいがいるなかで彼に辛くあたっていたのも、取り繕って生きている自分が見透かされてしまうからなのでしょう。彼が捨てられたのは偶然ではなく、恐れをいだいた母親が、自らの身を守るために排除しようとしたのでしょう。

ただ、少し気になることがあります。母親のことを「なにもできないただの中年女」であるとゆたかさんが揶揄するとき、やはり「人間には何かできる特技があってほしい」という価値がブーメランのように返ってくるのではないでしょうか。一昔前であれば、サラリーマンの奥様になって家事と育児をしていれば、主婦は揶揄されずにすみました。そういう時代が終わりかけているいま、子どもたちの会話のなかに、「○○のお母さんって何やってるの？」という会話が入り込んでいるきつい時代背景が垣間見えるのです。

私の子ども時代、まだそんな会話はありませんでした。みんな基本的に主婦がアイデンティティという感覚の時代ですから。子どもの無邪気な言葉は、家にこもっていれば聞かなくてもよかったはずの、社会の空気を家に持ち込みます。彼の母親はおそらく私とそう違わない世代でしょう。その頃から母親という集団の一様性が崩れていき、何かをしているお母さん、という人たちを社会がもてはやして、母親たちの分断が進んでいきました。時代からくる社会の変化を、ゆたかさんの母親もまた背負っていたに違いありません。もちろん、親として酷い行為をしていた事実は免罪されないのは当然ですが。

ところで、スーザン・フォワードによると「毒になる親」の問題は、親子の関係が断ち切れないときに顕在化すると指摘されています（＊11）。子どもから切ろうとしても、容易には断ち切れないのを、どうやって処理するかという究極のノウハウが「愛情のある親になってくれるようにと、〝もがく〟ゲーム」を子どものほうからやめることだと説かれています。頭でやめようと思っても、感情の面では割り切って納得するのは大変むずかしい。先に進むためには、まずは「毒になる親」との〝もがき合い〟に完全に別れを告げることが大事なのだと。であるとするなら、ゆたかさんは、親の側から捨てられることによって、「自分の人生を楽しむ」自由を手に入れるための第一歩を踏み出したのかもしれません。

日本を「母性社会」として理解しようとする試みにどこか腑に落ちないところが残るのは、日本社会に聖母マリアのように包み込む母性原理が行き渡っているようには到底思えないからです。宵に台風が迫るなかホームレスを追い払ったり、夜中に助けを求めて児童相談所にやってきた子どもをなかにいれなかったり、官僚的な人が大勢いますし、交通機関の妊婦や子連れなどに暖かい心遣いがなされることもない冷淡な社会であるのが現実です。

欧米からきた用語としての父性と母性の背後には、キリスト教の概念があります。ヨーロッパを歩いてみると経験しますが、駅の階段で親切に重い荷物やベビーカーを運んでくれる人はむしろ男性です。性別にかかわらず、包み込む母性原理を大切にしている人が女性とは限りません。見捨てる母たちには、母性がたまたま足りていなかったのでしょうか？

日本の母の論理と母性原理は似て非なるもので、区別して議論したほうがよいと私は考えます。日本の母の論理は、すべての人を包み込んで救済しようとするようなヤワな母性原理などでは決してありません。選ばれし息子だけを救い愛でる条件付きの愛を、母性原理と混同してはなりません。

【文献】

*1 河合隼雄『母性社会日本の病理』講談社、一九九七年

*2 高橋ユキ「『もう少し息子に才能があれば……』長男殺害、元農水次官の公判で語ったこと」(https://news.goo.ne.jp/article/bengoshi/life/bengoshi-topics-10606.html) 二〇一九年

*3 週刊文春編集部「母を『愚母』と罵倒、父は『もう殺すしかない』——元農水次官が〝息子殺し〟という地獄に至る『修羅の18カ月』」) https://bunshun.jp/articles/-/19339) 二〇一九年

*4 篠田博之「相模原事件被害者家族と植松聖被告の法廷対決！　初めて障害者に謝罪した一部始終」(https://news.yahoo.co.jp/byline/shinodahiroyuki/20200209-00162276/) 二〇一九年

*5 ジグムント・バウマン『個人化社会』青弓社、二〇〇八年

*6 女性自身「植松容疑者　4年前から育っていた心の闇、両親も止められず」(https://jisin.jp/domestic/1621220/) 二〇一六年

*7 神戸金史×雨宮処凛「この国の不寛容の果てに——相模原事件と私たちの時代（1）」(https://note.com/otsukishoten/n/nbfb294da20bf?magazine_key=m8a14d9233d0a) 二〇一九年

*8 ダブル手帳、週刊文春編集部「『歩けないのはやる気が無いからだ』虐待された障害者の私が、植松被告に覚える既視感」(https://bunshun.jp/articles/-/29804) 二〇二〇年

*9 おおたとしまさ『ルポ教育虐待——毒親と追いつめられる子どもたち』ディスカヴァー・トゥエンティワン、二〇一九年

*10 おおたとしまさ「名古屋教育虐待殺人事件『中学受験で息子を殺された母親の無念』」(https://bunshun.jp/articles/-/12935) 二〇一九年

*11 スーザン・フォワード『毒になる親』毎日新聞社、一九九九年

第11章

母の喪失と崩壊

「父」なき社会の底知れぬ不安

かりに日本社会の奥深くまで母というシステムが深く根を張っているとするならば、母が不在となるとき、生じる事態は甚大なものとなります。息子たちが母について語らないとき、それは〝語りえぬもの〟だからかもしれません。あまりにも重要なものを人は描写できません。神の唯一性を強調するイスラム教で預言者の姿を偶像として描くことが禁じられているように。

　この世から消えたとしても、あの世から子どもを見守りつづけるという、笑い飛ばすには厳しいテーマをコミカルに描いた『ママがおばけになっちゃった！』という絵本があります（＊1）。読み聞かせを始めると、子どもは読みたくない、すぐに怖くて泣き始め、心理学の専門家からは母子分離不安からトラウマになると批判され、対象年齢を一二歳以上に指定すべきだという署名運動すらある、物議をかもしている本です。けれども、作家はどんなに批判をされ、炎上商法と非難されようと意に介していません。この絵本がよく売れているからです。

　作家本人によれば、この本のサイン会には通常の絵本に比べて年配の方や男性もたくさんきたそうです（＊2）。死んでおばけになっても、「あの　こ、ママが　いなくても　いきていけるのかしら」と心配し、「あなたを　うんだ　こと。それだけは、ママ、だいせいこうだった。なみだが、ボロボロ　でた。この　ために　うまれて　きたんだと　おもったわ」

と絵本で読み聞かせていくのです。そしてこの絵本には不思議にも、母親の死後に子どもを引き取って世話をする「おばあちゃん」は登場しても、「おとうさん」の姿はないのです。祖母と母と息子からなる母系的な世界で育つ子どもたちのリアリティに、とことん寄り添った絵本なのです。この絵本は「ママのパンツを　はきながら　ねむると……。ママが　ずっと　そばに　いるような　きが　しました」という、恐るべきラストシーンで締めくくられており、まるで近親相姦のタブーをかき消す無意識の醸成に挑戦しているかのようです。

幻影としての母に鼓舞される

イメージのなかに純化される母は、固有名詞をもたないがゆえ、この社会の表象をつかまえるにはぴったりの存在かもしれません。幼いころに母親が失われると、世間は残された子どもに母の幻影を背負わせます。それはときに現実の母よりも強烈で重たく本人に覆いかぶさって、叱咤激励を与えるでしょう。身近な人々からことあるごとに「お母さんの分も頑張って生きろ」とか、「お母さんが生きていたら誇りに思う」とか、立派になれと、強い言葉をあびせかけられながら過ごすのではないでしょうか。結果として母を幼くして失うと、人は「時代の母」を与えられ続けるのです。子どもは亡くなった母のため立派になろうとする意志が強められ、現実によい地位の達成へとつながることもあるでしょう。

文芸評論家として名高い江藤淳はその一人に違いありません。彼は生身の母との関係に飢えながら、社会から背負わされた関係性を客観的に眺めていたからでしょうか、六〇年代に出版された『成熟と喪失――〝母〟の崩壊』という本のなかで、母と息子の関係性について熟考しています(＊3)。江藤は米国を訪れたとき、日本で目にしていた母親と息子の密着した濃い情緒関係が世界共通のものではないと痛感したようです。その経験をもとに、日本において「成熟」するとはどういうことなのか述べています。その到達地点はいまだ超えるものがない水準にあると思います。

『成熟と喪失』の冒頭には、エリクソンの発達段階論を踏まえた、日本の息子と米国の息子の人間発達の特徴の違いがこう述べられています。

日本の息子は「家」のなかで、先祖伝来の畑を守って生きねばならないので、保護過剰の下で育てられ、母に対するように密接に血縁とつながり、濃い情緒で大地に結びついていなければなりません。そのため、母親は息子が自分とはちがった存在になることに耐えらえず、「成熟」を拒むのです。他方、米国の息子は放浪するカウボーイのように、やがて遠いフロンティアで誰にも頼れない生活を送らなければなりません。それを知っている母親は「成熟」する間もなく息子を拒み、息子は心に傷を負いながら放浪の旅に出ていくのです。

江藤は幼い頃に母親を失った自身を鼓舞するかのように、日本の「母の崩壊」なくして真の「成熟」はないと論じています。

「父」なき社会と「母の崩壊」

しかし、江藤はまた自然神的なものから発祥した日本の母が「神性」の位置にまで高められている以上、「母の崩壊」が起きてしまうと、子に無限の負担を与えずにいられない、とも述べているのです。『成熟と喪失』が執筆された一九六〇年代、日本は高度成長期のまっただなかにあり国土の自然は破壊されつつありました。江藤が論述のために用いた主な小説で、自然破壊と女性の自己崩壊が結びつけられているのはそのような時代背景があるからでしょう。女性は自らの手で自己のなかの「自然」＝「母」を葬り去らねばならず、自己破壊するしかなかったという問いかけもなされています。

つまり「母の崩壊」が起きている時代の日本人の不安が、息子の立場から書かれているのですが、考えてみれば、「母の崩壊」が無限の負担を与えるのは、息子に対してだけであって、女性が自己崩壊するとは限りません。女性が「自然」＝「母」を葬り去ったとしても、一人の人間になるだけで、むしろ身軽になるかもしれません。自然神的なものに母を崇めて依存しているのは男性であり、もともと依存していない娘に、同じ負担は発生しないからです。

西欧社会には、権威を賦与する超越的な神がいますし、儒教には天があります。どちらも、究極の「父」なる存在を象徴するものです。日本にはそのような重くのしかかる「父」なるものの存在がないという考え方は、河合隼雄などをはじめ日本を母性社会ととらえる論者たちによっても広く共有されてきました。

もし、「父」なき社会で「母の崩壊」が起き不在となると何が起きるでしょうか。そのとき、「人はあたかも「父」であるかのように振る舞い続けて生きるしかない」と『成熟と喪失』では結論づけています。

その言葉どおりに生きようとした江藤の現実の人生の終末は、妻の病死を見届けた後の自殺です。どれほど彼が自らの病苦を強調して息絶えたとしても、妻の後を追うかのように自殺してしまったという事実からは、負担の重さに耐えかねる日本人男性の、自己受容における困難さを想像させてしまいます。「父」なき社会において「父」であるかのように耐え続ける人生の艱難辛苦がかいまみえるのです。

江藤は母の不在という不安を、妻を手に入れて依存することで満たそうとしてしまう男性の欲望のありように気づき、疑問を投げかけていました。だからこそ、自分は依存していないと証明したかったのだと思います。末期のがんに侵された妻に江藤は告知をせず、自分自身が責任を取るという決断を下し、全力で妻を守るという男の矜持を現実世界で示すためにも、その過程を詳細に綴り手記として公開したのでしょう（＊4）。妻の立場からどう受けとめられていたのかについては、いまとなってはわかりません。江藤は繊細な気づきと弱さを引き受けた文芸評論家でしたが、「父」でいる自身の不安を共にひき受けようとしてくれる男性小説家に出会えないままに、死を迎えたのだと思います。

偽物の「父」になる

小説家村上春樹を江藤と接続し、両者の根底には「自分たちは『父』にはなれない、武器は持てないという諦念がある」と述べたのは宇野常寛です（＊5）。つづけて宇野は、江藤／村上が「自分たちが偽物であることを自覚することで成熟する、という形式を取りながら、性差別的な構造に依存している」と手厳しい批評を加えます。江藤は自ら「人はあたかも『父』であるかのように振る舞い続けて生きる」しかないと言っているのですが、宇野の言葉では、偽物の「父」になるしかない、ということになります。

宇野の言葉を裏付けるように、世界のフェミニストから聞こえる村上春樹評は芳しくありません。ノーベル賞が北欧的価値で決められるのであるなら、この評判が大きく妨げになるでしょう。

じつは初期の頃からの読者である私も、村上春樹の小説における人間の関係性への違和感は年齢を重ねるごとに増していたのですが、その理由を明快に言語化できていませんでした。おそらく私自身が母親になる経験をするまでは、宇野のいう「アイロニーのコストを被差別者に預けるモデル」において男性の登場人物に同一化して、豊かな仕掛けを純粋にエンターティメントとして楽しめていたのでしょう。けれどもいつしか自分が被差別者としての女性の側に立たされていると年齢を経て感じていくにつれ、違和感が拭えなくなりました。人は経験をしなくても、被差別者の感覚を持つことはできると信じていますが、男性が大半を占める理数系学生アイデンティティの下で長らく過ごしてきた私は、ある意味ジェンダーを意識させられる機会が少ないまま、母親という経験に突如放り込まれることで、受け止め方が変わっていったのだと思います。

考えてみると村上の小説には産んだ女、つまり母親がめったに登場しません。男性主人公の一人称語りが基本スタイルである以上、母という存在は極小に留め置かれます。この空白は「母について多くを語らない息子」が普通である以上、目新しいものではありません。それにしても、村上の小説では父に比べて極端に母の描写を避けるプロットとなっているように感じます。最近の長編でみると、成人していない親子関係を含む家族がめずらしく出てくる『騎士団長殺し』では叔母と娘の二者関係が重要な役割を果たしていますが、母も息子も主要な登場人物にはなりません（＊6）。

また、『海辺のカフカ』は幼い頃に母親と姉に捨てられた少年カフカが主人公です（＊7）。大人になった少年の前には、もしかすると母親かもしれない女性が一瞬あらわれますが、関係性は曖昧に伏されたままその女性とカフカは性交をします。そして、『１Ｑ８４』は小学生の頃に出会い試練をへて結ばれる運命の二人、天吾と青豆の物語です（＊8）。ここでも天吾の母は、生まれてほどなく死んだという設定なので、「ＮＨＫの集金員の父」といったように具体的な人間像は描かれることがありません。それなのに、天吾の唯一の母親に関する記憶は、一歳半のとき「父親でない男に乳首を吸わせていた」記憶なのです。天吾はその記憶映像が度々蘇り、うまく呼吸ができなくなる病的な反応を抱えています。その父親には、「あんたの母親は空白と交わってあんたを産んだ。私がその空白を埋めた」と語らせています。母はほとんど登場しない上に、登場したときには薄汚れた存在であることが、強調されているのです。

いっぽう、青豆という奇妙な姓を持つ女性は、ＤＶ加害者男性を隠れて殺害する怜悧なイメージを読み手に与えるフェミニストとして描かれています。女性の青豆に対して、恋愛が成就する相手の男性の名前は、天吾です。「天」という漢字を名前に与えることで、「父」なる権威を賦与する超越的な天のイメージが形成されています。三部作の最終巻では、青豆は硬いフェミニストのイメージを脱ぎ捨てるかのように、天吾との性的関係がないままに受胎した後に、「信じるべきものを信じるために」天吾の大きな胸にもたれかかり、泣きながら至福の交わりをします。孤独で「空白」であった青豆を天吾が埋めるという結末からは、天吾の父が母にしたことを繰り返す物語であるかのように読めてしまいます。

人称の混在があると言われる『1Q84』ですが、最後のシーンで妊娠中の青豆に一人称でこう語らせます。

「私はここからもうどこにも行かない。どんなことがあろうと私たちは、このひとつきりの月を持った世界に踏み留まるのだ。天吾と私とこの小さなものの三人で」

このように、青豆が主体的に固い決意を語る直後に、天吾には「今はその微笑みを信じよう。それが大事なことだ。彼女は同じように微笑む。とても自然に、優しく」と三人称でさらっと書くのです。これからまさに「父」になろうとする主人公を書くという一歩を踏み出した小説のようにみせつつ、「父」は偽物であるかのように淡い存在を示して終えるのです。

村上の小説には、主人公の男性に対峙する他者となる女性は登場しません。女性はいつも向こうからやってきて、主人公の生活を本質的に乱すことなく、後腐れなく去っていきます。男性はどこか受け身な存在として描写されています。結果的に出産を伴う男女の性行為は極力排除されますし、一夜限りの関係や不倫がつながなく登場するストーリーとなるのです。『1Q84』では三人称の作品へと舵が切られ、個人として自立している女性を描こうと試みられたようでいて、すでに個人として生きている女性が読むには、後味が悪いものとなりました。平等に二人の物語が紡がれているようにみせても、青豆は天吾の世界から「サヤの中に収まる豆のように」はみ出さないのですから。『1Q84』のリードに使われているタクシー運転手の「現実というのは常にひとつきりです」という言葉からは、複数の人による多元的な現実という発想はあらかじめ捨象されており、この小説が一人称の物語に最終的に回収されていることを象徴的に示します。

宇野によれば、男性主人公のナルシシズムの補完のために導入された「他者性なき他者」としての女性は、『ねじまき鳥クロニクル』以来、男性主人公に代わって「悪」を誅殺する役割を負うようになりました。まさに、青豆は武器を持ち手を汚しています。「武器は持てない」偽物の「父」である天吾は、正義を掲げた殺しという汚れ役を果たした青豆を救済する、その名にふさわしく神の場所に配置されています。まさに、「アイロニーのコストを被差別者に預ける」ことで、主人公に同一化できる読み手からみると、究極のナルシシズムが達成されている小説といえましょう。

母の空白を妻で埋める

妻は母の代わりですか？　と聞かれて、「そうです」と衒いなく答える男性は少ないでしょう。母とは正反対のタイプの女性と結婚することで、自分はマザコンではない、と言い聞かせようとする人もいます。けれど、正反対という反応もまた、強い影響下にあるという事実を露呈させてしまうのです。母については語りにくいけれども、妻については語ってもよいとされるようになったのが戦後の団塊世代あたりからの夫婦関係ではないでしょうか。

村上春樹は母については多くを語りませんが、妻（奥さんと呼称）との関係については饒舌に語ってくれています。読者から寄せられた質問メールに村上が答えるというプロジェクトをまとめた本では、「奥さんの機嫌悪いときは？」という質問に対して、「『これはただの気象現象なのだ』と思われてはいかがでしょう」という回答がなされています（＊9）。「あれこれ八つ当たりされて、なんでおれがこんなひどい目にあわなくちゃならないんだよ、と疑問に思ってしまう。よくわかります。それは世界中の夫の九二パーセントくらいが、同時進行的にひしひしと経験していることです」と彼は語ります。もう少しはっきりしている回答事例もあります。「筋金入りの村上主義者」になるために「『女性は怒りたいときに怒る』という状況への対処法」として覚えるべきことを彼は二つあげます。「①これは自然現象（嵐とか竜巻とか噴火とか）なのであってあきらめるしかない。②とにかく平謝りに謝ってその場を切り抜ける」、とがんばって耐えるよう促します。

おそらく団塊世代までの夫妻であれば、大方の妻はそうやって夫の手のひらで泳ぎながら、二人で安穏に人生を終わらせることもできるでしょう。でも、少し世代が下になると互いの受け止め方はズレ始めるように思います。人間にとって、「自然現象として受け流される」という対応は無視に近いもので、互いに感情をやりとりする関係性にはなりえず、女性からは無礼に聞こえるはずです。この質問者は二〇一五年時点で四七歳ですので、アドバイスが妻に対して有効ではないかもしれません。村上の小説では、感情を表現する女性とクールに受け止める男性のペアが定番ですが、本人と妻との関係性が小説上でもかなり忠実に再現されているようです。

村上の小説で母と息子の関係が不在であるように、日本の母親と息子の密着した濃い情緒関係が描かれていなくても、無意識のうちに作家たちが妻との間で母との情緒関係の回復を試みている描写があることを、江藤淳は正確に見抜いていました。

小島信夫の小説『抱擁家族』について、「作者が母親について何も語っていない」のに、「彼に及ぼされている『母』の影響力は、ある馴れ合いのなかで『妻』に『母』と同じ態度をとらせてしまうほどである」と読み取った上で、「彼はおそらく老年になるまで弱い『父』に出会うことはないが、結婚のときには『妻』を『母』と重ねあわせてしまうのである」と書いています。江藤は『抱擁家族』の男性主人公が、大学講師で知識人として振る舞うかたわらで、郊外に近代的で設備の整った芝生のある家を建ててそこを「楽園」とし、妻とのあいだに農民的・定住的で安息が感じられる場所を見出していると分析しました。

村上春樹の描く小説では、『抱擁家族』のように農民的・定住的で安息が感じられる場所が描かれることは、まずありません。登場する女性の多くから、一般的に土着的「母」に直接関連付けられそうな要素は注意深く取り除かれています。地上に母の待つ自然の「楽園」はないと宣言されているようなものです。けれども、語らない／触れないからといって、関係に依存しないという意味になるとは限りません。むしろ、天吾と青豆の物語のように男女二人が互いの空白にピッタリと当てはまる運命的な関係の希求とは、病理的な共依存関係の礼賛と紙一重ともなります。欠落を互いに埋める愛は創造の源泉として尊ばれると同時に、一歩間違えば互いに一人ではいられない共依存的関係性に陥ってＤＶにも到ります。どちらかが個として自立したい欲求を抱くとき、たちまちのうちに瓦解してしまう脆い関係でもあるのです。

母を喪失した息子が自己崩壊せず立派に生き抜くとき、空白を埋めてくれる妻が寄り添うことがよくあります。男性が立派で著名となれば、取り巻く女性には事欠かず、結婚すれば社会・経済的な意味合いから瓦解へのハードルは高くなり安定化するでしょう。江藤も村上も運良くピッタリと人生に寄り添ってくれる妻と出会いました。村上は江藤のように幼い頃に母親を亡くしてはいないのですが、父親とは長らく断絶状態にあったようで、母については多くは語られていません。一人息子の彼にとって家族内で対峙していたのは、関係の拗《こじ》れた父親だけであったように感じます。村上春樹の小説には西洋的な小道具が数多く登場しているのに、どこかに土着の神や仏といった日本的世界観が漂い続けるのも、自然神的なものから発祥した日本の母を忌避しながら、生存の次元で依存してしまっているからではないでしょうか。

「母の崩壊」は避けられないのか

ところで、産業化あるいは近代化は、「母の崩壊」を必ず伴うものなのでしょうか。敗戦の屈辱感が農耕社会の「貧しさ」と重ね合わされていった日本特有の近代化のありようが、現実の女性にもっとも大きな影響を及ぼしたと、江藤は考察しました。「人工」を「自然」の上に置く価値観のもとでは、「自然」＝「母」は破壊されなくてはなりませんでした（＊10）。

江藤は同時に、「米国のように農耕社会から近代産業社会への移行が自然に行われたところでは、『自然』や母性がこれほど徹底的に、容赦なく破壊されることはまずあり得ない」、と述べてもいます。米国の息子が放浪の旅の果てに出会うのは、フロンティアの「自然」であって、そこで彼は果てしなくひろがる大草原に、もっとも原始的な〝母性〟を見ることができるからです。

実際に、世界でエコロジーとフェミニズムが共闘している現場が多いのは、思想上でそこまで反駁し合う状況がないからではないでしょうか。上野千鶴子が巻末の解説で「『母の崩壊』は非可逆的な文明史の過程である」と明確に述べたように、日本のフェミニズムでは近代化過程において「母の崩壊」を不可避なものととらえがちであるように感じます。上野にとって『成熟と喪失』は「60年代の自画像を写しだす鏡のような作品」であり、団地造成のために切り崩される丘陵地を、「母の崩壊」が象徴する事象になぞらえた上で、それを望んだのは男性のみならず女性であったことが、自分にとって切実だったと述べられています。

六〇年代に生まれた世代の私にはそのような読み方はできません。最初から自然が壊れている場所に生まれた世代の女性は、自己と結びつけるべき自然のイメージすらなくなっている人も多いからでしょう。女性は最初から〝自然〟として生まれるのでもなく、小説など時代に放たれる言説の積み上げによって〝自然〟と結びつけられていきます。

江藤は日本のように急速に産業化した社会では、「母の崩壊」は避けられないけれども、米国における近代化の過程では必ずしも起きていないと考えているようです。それに対して、上野の解説ではタイムラグのある文化的差異のあり様についての議論は、慎重に排除され「母の崩壊」が文明一般に起きるものと普遍化されています。近代産業社会への移行のしかたによっては、「母は崩壊」しなくてもよいとするならば、話は変わってくるでしょう。低成長に入った日本では、自然は保護すべき対象となり、いまは「母の回復」過程にあるといえるかもしれません。

いずれにしても、江藤は「自然」＝「母性」という等式そのものに疑いを差しはさんではいません。フェミニズムはこの等式にずっと疑問を呈してきました。たとえ、歴史的に「女性」＝「自然」＝「母性」vs「男性」＝「人工」＝「父性」が等式で結びつけられてきた社会が多かったとしても、将来にわたってこの対応関係が持続する必然性があるかどうかは別の話となるからです。繰り返し述べているように、ユングの概念では「母性原理」と「父性原理」は、一人の人間の心のなかに同居している対立原理であって、生身の女性と男性にそれぞれ一つずつ振り分けられてはいません。エコフェミニスト嫌いを公言する上野が八〇年代半ば、青木やよひと、いわゆる「エコフェミ論争」をしたとき、「天なる父と母なる大地」といった粗雑な二項対立で議論が組み立てられている点を上野が批判して以来、日本ではエコロジカル・フェミニズムは一種のタブー化しています。

私は子育て法の言説変容の研究で、六〇年代に松田道雄が書いた「母」を「自然」に疑いなくあてはめる「日本式育児法」という思想が、八〇年代半ばに「西洋式育児法」を追い払って日本の全域に広がっていったという指摘をしました（＊11）。皮肉にも「エコフェミ論争」が「女性」＝「自然」＝「母性」を論理的に否定できた、と安心していたまさにそのときに、妊婦の世界では、母にとって子は「他者」ではなく、両者の欲望は対立せず自然に一体化しているという美しい物語で埋めつくされていったというわけです。雇用機会均等法の登場とともに、産む女と産まない女の分断が広がった時代、フェミニストは産まない女の側に寄り添っており、妊婦の世界で起きていたことに気づくのが遅れてしまいました。

母が自然と等置されるとき、生まれてきた子どもは自然の一部として包み込まれます。父が偽物であるとき、自然よりも人工が劣位に置かれやすくなるでしょう。母乳が至高の飲み物で人工乳は偽物（フェイク）になるしかありません。自然なる母の人格は神聖化し、子産み子育てをする「ママであること」に全面的に吸収されてしまいます。「男性」＝「人工」の側に抜け出ていった一部の女性たちは、母であることに全面的に同一化している女性たちを蔑んで、切断する側の「父性原理」を自らのうちに取り込みました。のぶみ絵本への賛否両論は、女性たちの分断された状況を示唆します。

自らを自然の側に置いて母であることに同一化している女性は、蔑まれていることに敏感です。誰もが「女性」＝「自然」＝「母性」の等式を疑わなかった時代が終焉したいま、自分たちの神聖な地位が脅かされつつあると感じているのも、女性なのです。子どもにとって母の死ほど恐ろしいものはありません。作者本人が、この絵本を読ませて子どもに「お前、ママがいなくなったらどうするんだ？」と、母親に悪さをしないように問いかけるのだと語っています。絵本はやんわり想像力をかきたてる存在というよりは、直接的な脅しの道具に堕しています。

ミシェル・フーコーの権力論によれば、監視装置がいったんできあがってしまえば、装置の中枢が空白であっても権力は作用し続けます。日本で母を「恐怖の権力」の中心に留め置いておきたいという無意識のあらわれが、絵本の人気の秘密なのでしょう。そして権力の中心にいることの快楽も母親たちは知っています。

江藤が「母の自己崩壊」を憂いていた当時にはまだ色濃く残っていた国土における「自然」はその後も破壊され続け、どれほど治者が自然豊かな地方を礼賛しようと、女性たちは「人工」を求めて都市に参集し続けました。女性はもう母になるとは限らない存在です。そして、「母性」を結びつけようにも、帰る故郷や「自然」のほうが崩壊しているのです。隠れたシステムが綻びかけているからこそ、母がおばけという姿をかりてまで子どもに恐怖を煽らないと、権力の効果が持続しなくなり始めた時代を、この絵本の登場は象徴しているように思います。

【文献】

＊1 のぶみ『ママがおばけになっちゃった！』講談社、二〇一五年
＊2 のぶみ「たった5分で泣く子続出の絵本『ママがおばけになっちゃった』」(https://gendai.ismedia.jp/articles/-/46824) 二〇一五年
＊3 江藤淳『成熟と喪失――〝母〟の崩壊』講談社文芸文庫、一九九三年
＊4 江藤淳『妻と私・幼年時代』文藝春秋、二〇〇一年
＊5 宇野常寛『母性のディストピア』集英社、二〇一七年
＊6 村上春樹『騎士団長殺し』新潮社、二〇一七年
＊7 村上春樹『海辺のカフカ』新潮社、二〇〇二年
＊8 村上春樹『1Q84』新潮社、二〇一五年
＊9 村上春樹『村上さんのところ』新潮社、二〇〇九〜二〇一〇年
＊10 江藤淳、前掲書、一九九三年
＊11 品田知美『〈子育て法〉革命――親の主体性をとりもどす』中公新書、二〇〇四年

終章

母と息子が離れるとき、日本は動き始める

多神教社会としての日本

母と息子の関係から日本を語ってみようという無謀ともいえる挑戦をはじめたとき、謎が解けるかどうか心配でした。いったい日本女性は強いのか弱いのか。女性の地位は低いと散々言われているのに、どうも家族のなかでの母親の地位は高いともいわれる。学生時代までは強くて元気そうに振る舞っている娘たちが、卒業後社会で最大限に能力を発揮しているように見えないのに、地味そうにみえた息子たちは、いつのまにか出世の階段を登り社会を闊歩するようになっている。そのからくりが奇妙で、正直に言ってよくわからないまま書き始めたのです。

日本のフェミニズムがその謎への答えを十分用意してくれたようには、私には思えませんでした。けれども、日本というシステムを読み解く鍵がここに秘められていると直感的に考えていたのは間違いではなさそうです。この本を書いていくうちに、少しずつ謎が解けてきた気がします。

どうやら家族という私的領域での女性の立場が弱くても、強くても、それぞれに公的領域で女性の地位が低く留め置かれる論理的な必然性があるようです。家族内で女性が弱い立場に置かれている状況に対しては、これまで十分に日本でも光があてられ、異議申し立てもされました。だから、家庭内での女性の権力が高まりさえすれば、いずれ公的領域でも女性の地位が高まるはずだと、少なくとも私は期待をしていました。それなのに、終戦後七五年を経て、平等に選挙権を得たはずの日本女性たちは、自らが主体となって政治に参加できる状況を確保したとは到底いえません。この奇妙にねじれた状態を解き明かす言葉を、誰も十分に繰り出すことができていません。

手がかりは、母なるものと人間存在を考え続けたフランスの哲学者、ジュリア・クリステヴァが言葉に残してくれています(＊1)。クリステヴァによれば、自己と他者を分離しない不確定な状況を、人間は多神教と旧約聖書とキリスト教の三つの変異で〝処理〟してきました。多神教の社会とは母系性が優位であり、そこでは汚れたものが穢れたものへと格上げされて、神聖な機能が穢れたものに付与されます。出産の穢れを持つ母親がそういった機能と結びつけられます。多神教の社会では、「母と子の分離」をうながす認識を持つ必要は説かれません。

それに対して、旧約聖書とキリスト教は、「母と子の分離」をもたらす機能を与えます。キリスト教が革命的であったのは、外部にある「穢れ」を人間の内部に移動させた点にあるといわれます。そのときようやく、「言葉」によって「穢れ」を解消する道が開けたのです。

つまりキリスト教の革命を経たことのない多神教の社会では、「穢れ」が象徴としての「言葉」に置き換わることができません。「言葉」になりきらないまま「穢れ」にまつわる「行為」が高度に儀式化します。クリステヴァによれば、最も複雑かつ顕著な多神教の社会の実例はインドで、汚染／祓除《ばつじょ》と浄／不浄に基礎をおくカーストの階級制度が現代も持続しています。

日本は母系とも父系とも言い切れない双系性の社会といわれていますが、キリスト教支配は根付きませんでした。神道や仏教など様々な宗教が共存している多神教の社会であると解釈してよいでしょう。ちなみに、クリステヴァは神道を最も〝退行的な〟宗教の一つとみなします。母なる太古の自然に抱かれ続ける宗教という意味においての〝退行〟です。旧約聖書とキリスト教の社会では、「母と子の分離」はなされなければならないものですが、日本にはそのような観念が働きません。常に母と子を一体とみなそうとする社会の力学が働いてきた歴史が、なによりも証明しています。

クリステヴァは日本社会にどのような印象を受けたのか尋ねられ「原初的なものを思考し、これを従属させるひとつの芸術」(＊2)と答えました。シンプルですが深く同意できる表現です。原初的なものとは、太古的で幼児的で欲動的なもののすべてを意味し、この空間で母はある種の権力をもち支配力を行使するのです。母なる太古の空間は、人の生存基盤との切り離しがなく、強固に人間をつなぎとめます。その重苦しさに悩んでいる若い男性がクリステヴァの講演で、「だれが私を母から解放してくれるのか」という深遠な問いを投げかけています。これが、日本の息子たちの悩みなのだと思います。

〝母から解放〟されない息子たちの社会

日本に限らず、〝母から解放〟されていない息子たちは世界中にいます。しかし、ある社会のシステムを決定づけるのは、最終的には数でしょう。呪縛されている息子と家族関係の内で支配力を行使することを厭わない母親の数が、特定社会で多数を占めていれば、システムの中枢を占める人々は、〝母から解放〟されていない人々です。多数派がつくっている制度になじまない人間は、支配層にはたどり着かないので、出世の階段を上る人たちの多くは、この隠れた制度と馴染む人となります。このシステムは、男性の連帯からなるホモソーシャルで女性を排除しがちな社会ともかなり異なります。根底に母性なるものに依存し自立への不安を抱えた男性たちは、個の集まりからチームを作るメンタリティーが足りていないからです。情緒的なつながりと安心感のある仲間としかチームをつくれない、〝お友だち〟社会となり、足の引っ張り合いと怨嗟が渦巻いて男性同士の集団でも連帯はならず、排除が蔓延するでしょう。

興味深いことに日本では、戦間期から戦後の一九七〇年代までは、むしろ「母と子の分離」を推奨する西洋式の〝科学的〟育児法による人格形成が専門家から推奨されていました。明治期以来の西洋近代を取り入れようとする潮流は、小児医学の専門家などを通じて支配層の育児法にも及んでおり、戦後もその普及が目指されていたからです。けれども「母と子の分離」を推進するこの西洋式育児法は、日本社会に横たわる古層とよほど相性が悪かったのでしょう、八〇年代半ば以降は全域的に葬り去られ〝日本式育児法〟へと置き換わりました（＊3）。

その後「父」は不在のまま、いまでは母と子の〝自然な〟結びつきを断ち切ろうとする者は、誰もいません。フェミニズムも「父」はいらないと主張しましたし、その点では目的は達成されたといえます。〝日本式育児法〟を提唱する側が、松田道雄をはじめとしてリベラルであったことも、フェミニストとの相性のよさをもたらしました。

実のところ、日本政治の隠れた対立軸は、リベラルと保守というよりも、「母と子の分離」を是とするのかどうか、という点にあるとみたほうがすっきりすると私は考えます。

西洋の家族関係が一枚岩でもなく多様であるとエマニュエル・トッドが語るとき、その分類に「母と子の分離」がなされているかどうか、という視点が持ち込まれることはありえません。フランス人として育った彼には、「母親が子どもと分離した一個人として社会に認識されているかどうかを疑う」という発想がなかったのでしょう。西洋社会の多様性の一歩手前にある決定的な差異を、私はあらためてここで問題化したいのです。たとえば、英米で二大政党はどちらも「母との分離を是とする」という点では一致しています。ところが、日本の場合には、政党の打ち出す政策以前に人格形成の水準で決定的な隠れた差異が存在してしまっているのです。そうなると、「議論をして合意にたどり着く」というシステムの土台がとても不安定なものになります。

実際、現代日本の保守政治家は、家族のありかたに強い関心を寄せています。与党自民党の憲法改正案がそうであるように、家族を助け合う強い関係へと追い込もうとし、異なる欲望を持つ個人が集まってつくる社会を基礎にした制度は念頭に置かれていません。親と子は互いに終生助け合うべきという思想は、母と子の〝自然な〟結びつきを疑うことのない多くの日本人の心に訴えかけます。

それに対して、個人の生を国家が保障しようとするリベラルの提唱する政策が、どこか家族の〝情緒〟を断ち切ろうとする冷たい印象を日本人に与える理由はこのあたりにあります。情緒という言葉の意味も受けとり方で違ってきます。ここでいう〝情緒〟とは、江藤淳が気づいた「母親と息子の密着した濃い情緒関係」であって、イギリス人の家族が食卓に集まって過ごすといった意味合いでの情緒関係とは、似て非なるものなのです。日頃から家族が集うことへの関心が西洋社会で高いのは、人間の関係性がそこに自然に存在するものではなく、常に個人が集まって構築するものだからです。密着した濃い情緒関係の持続を望む人がいて、相手がそれを望まないとき、新しい関係のありかたへと一方的に移行するのはむずかしいでしょう。あらゆる場において日本人が濃い情緒関係を断絶するか／持続するか、の二択になりがちなのも、情緒関係のつくりかたに深刻な齟齬が生じやすいからです。

この形成された人格の違いは、個人間における関係性の構築のしかたに基礎的水準で差を与え、あらゆる組織内の関係性を規定します。ウチ／ソトで濃い関係かどうかを決める、友だち仲間かどうかが優先される濃い情緒優先の政治となり、思想や政策が似ていても折り合うことができないのは、この隠れた対立軸が強力だから。誰が発言するのかという属人性から切り離され「言葉」が場の境界を超えていくことができません。「母と子が分離」されている感覚を身につけている人、すなわち個人（individual それ以上分割できないもの）として発言する人と、「母と子が分離」されている感覚がなく個人になりきらない人とは〝対話〟を始めるための最初の一歩で歩み寄れません。

「女性嫌悪」から「女性恐怖」との戦いへ

いまでは日本にも対話のできる人がとても増えたと思います。特に若い人は対話になれています。けれども、その必要性を感じるきっかけの多寡には性差があるように思います。やはり中高年男性にはまだ対話が要求されずにすむ社会があるように思います。

女性は母親になる経験をするしないに関わらず、公的領域に足を踏み入れたとたんに、潜在的な「母」であれという期待を背負わされていきます。あるいは、母になりえない少女としての「女の子」に留め置かれます。その期待を心地よく思う人もいれば、不愉快に思う人もいるでしょう。家族関係の内で支配力を行使することを、快楽だと感じている女性もいるはずです。

いっぽう、多くの男性にとっては「母からの解放」の必要性に気づく瞬間とは、江藤淳のように西洋社会にふれた瞬間でしょう。息子を包んでくれるベールはどこにも見当たらず、むき出しの個人が主体として存在させられる厳しさを社会のそこかしこで感じさせられます。そこでは、擬似的な母親になってくれそうな女性は、めったに見つかりません。江藤がいうように、自由がある代わりに孤独をも抱える社会なのです。

男性が母と息子の重苦しい関係に気づかず、あるいは気づかないふりをして生きるとき、日本社会は甘やかでとても心地よく感じられるはずです。「母」なる存在であることを心地よく感じる女性と、その胸に永遠に抱かれたいと感じる息子との、完全なる調和が生み出される小宇宙からなる世界は、むき出しの個人が戦いあう世界よりよほど魅力的だと感じる人は、世界中にいるでしょう。

しかし、母親として、あるいは妻としての私的領域での地位に飽き足らず、公的領域で能力を発揮したい女性や、母なるものからの真の解放を望む男性にとって、日本は重たい空間となります。私も公的領域で活動し社会に還元するのは当然の義務だと考える女性の一人ですし、「家族関係の内で支配力を行使する」存在でいるつもりはありません。人的資本の観点からいっても高等教育は、公的な場所で還元されるために社会が個人に授けるものであるはずです。ところが日本では、高等教育を受けた女性が知識を家族という私的な場で還元し、自分の子どもに教育を届けるために時間とエネルギーを振り向けても、世間は違和感を持ちません。女性が高等教育を受けた貴重な個人である以前に、母なるものに分類されていることから生じる逆説だといえます。

「母と子の分離」なき文明が、近代という重力が到来した後にも存続するためには、「母と子の分離」をいったん進めることは避けられないと私は考えます。そうならない限り、産業化が進んだ社会で重たい空間が持続すれば、女性は母となることを忌避するでしょうし、息子は安心して家から出て行くことができず、文明は内向きのまま縮小に向かうからです。

では、この重たい空間から抜け出すためには、何からはじめればよいでしょう。日本を父系性の側面でとらえたときには、すでに多くの提案がなされています。フェミニズムはこれまで、家父長制に照準して戦いを挑んできました。そのとき、女性vs男性の戦いの構図となるのは必然でした。「父」の権力を解体し、女性を弱者の位置から救い出すなじみのある方策が役に立ちます。家父長制のもとでは、女性は蔑まれているので自分に自信を持つことを妨げられがちです。そのとき、女性なら、自分を愛することがその解決策になるでしょうし、男性なら〝条件のついた愛〟に惑わされないことが第一歩を踏み出すという意味になります。ありのままの自己を受容する母性原理とはほど遠い、日本の母の論理のもとで精進させられる苦痛を背負うことから解放されるはずです。

しかし、家父長制が社会の隅々にまで浸透していない社会では、これまでのフェミニズムの延長だけでは解決策がみえません。フェミニズムの盲点はこの事実を見ないことにあるとクリステヴァも指摘しました（＊4）。家父長的な社会が内包する父系性と象徴的な次元における近親相姦的二者関係の禁止という状況は、そもそも「母と子の分離」を経て初めて生じうるものです。「母と子の分離」なき社会には、倒すべき「父」が最初からいません。つまり、「父」は「偽の父」にすぎず、敵を倒そうと乗り込んだところで亡霊のように姿を見せずに漂い続けます。フェミニストは「父」などいらないと主張してきたし、実際に「父」を倒してきたのですが、「偽の父」の存在を十分に気にかけてこなかったように思います。

多神教社会として日本を考えたとき、事態はさらに深刻です。「母と子の分離」のある社会では家父長制が破壊されれば、「女性嫌悪」の発生は抑制されていくでしょう。フェミニズムが指摘してきたように、「女性嫌悪」は一神教のもとで人格形成がなされた社会にあって発生しやすいからです。日本のような多神教の社会で父系性が退却して母系性に傾いていくなら、母の権力から逃れたいという無意識から「女性恐怖」の発生はむしろ顕著になる可能性すらあります。そのとき、公的領域における女性の地位はすんなり高まることはないでしょう。これが現代日本で起きていることではないでしょうか。

こう考えるならば、フェミニズムの盲点を克服する新たな戦いかたが必要だと思います。社会に「女性恐怖」をこれ以上発生させないために個人が始められる方策は、すでに「まえがき」にも記したようにシンプルです。女性なら母親になったとき、息子を愛しすぎずに安心させ、母からの解放をすることです。そして、妻になったのなら、夫の母親代わりにならない関係を保つことです。シングル女性なら職場で母や妻役割をしている人はそれを止め、日本の重苦しい要求から軽やかにスピンアウトして生き延びる。男性なら母親を一人の人間と認めた上で、距離感を保つこと、そして妻に自分の隙間を埋める母親役割を期待しないこと、となります。シングル男性なら職場で女性に母親代わりを求めないことになるでしょうか。

この方策を実践するにあたり、女性だから必ず仲間として連帯できるとは限りません。女性と男性という二分割ではなく、「母からの解放」をめざすかどうかの対立軸で、あらたな連帯がゆるやかに組めるでしょう。

差別との決別を成し遂げる

なぜこの戦いがどうしても必要だと考えるのかをあらためて述べておきましょう。〝母性的なものとの分離〟がなされないとき、人は主体と対象の分離がなされない自我を生き続けることになります。乳児は生まれ落ちたばかりのとき、自己と他者の区別のつかない原初的で自己愛的世界にいるとされています。幼いうちに母と自分は異なる人格であることを知り、自己の境界を築く、つまり個人という存在を析出させていくのが近代社会における人間形成の基礎として期待されてきました。もちろん、世界では様々な人間形成のあり方がみられ、西欧近代的自我が浸透しない社会も多数あり、日本はその一つであると思います。

ですが、現代日本は個人に基本的な人権があり、自由に意思決定を積み重ねながら人生を送ることを保障する制度のもと、西欧的自我の確立が前提されています。個人が自律できなければ、あらゆる社会サービスとの不調和は甚大で、制度との隙間に落ち込んで困惑する人々が増えるばかりです。個人を析出させない前近代的な制度へと押し戻そうとする社会の力学は、人と制度のズレがあるという現実から発生しています。しかし、少なくとも日本の現代史を紐解く限りで、前近代の制度が多くの人を幸せにしていたという事実は見えません。私は制度を押しもどす動きには強く反対します。

人権の樹立と差別との決別を成し遂げるには〝母性的なものとの分離〟は避けられません。ここで論理的必然性を十分に示す余地はありませんが、多神教の社会でありつつ人間に平等性を与えることがいかにむずかしいのかという事例は、インドにおけるカースト制度の残存に明瞭に見ることができるでしょう。一神教の世界では、異教徒との間に差異はありますが、実現できているか否かはともかく理念として神の前に人は平等に存在します。多神教の社会は理念としても、内部に差異を作り出せる、つまり人間の不平等を正当なものと容認してしまうのです。

属人性を解き放たれた「言葉」を認めることのない社会では、専門知は常に呪術的なものと並立し続け、日常知よりも上位に立つことがむずかしくなります。〝女性〟が発した言葉は常に〝女性〟という人格とともにしか受けとめられず、男性も肩書きと地位とともにしか存在を示せません。どこの〝イエ〟に属しているか、という観点が重要とされていく社会は、どう変化しても形を変えた身分制から逃れることができないでしょう。

太田素子氏は近世農村で子どもに対する情愛と責任意識が濃密になっていく過程で、「家の懸命な管理」に敏感になっていた彼らは、「生きるに値する生」を求める点においても敏感になっていたと述べています（＊5）。現代日本でも、まさに少子化に歩調を合わせるかのように家庭教育が過熱しています。つまり、〝よりよい子ども〟を育てようと社会が熱心になればなるほど、子どもが障がいを持ち生まれることや、逸脱への不安が喚起されてしまう。それは生まれてきた本人が母親から独立した個人として尊重されていないからです。母も子も〝イエ〟という屍のような身分に縛られ続けているのが現代日本社会です。

息子が母親の〝成果〟ではないと認識できる社会は、「母と子の分離」がなしとげられたときに初めて成立できます。〝イエ〟という連綿と継続することを価値と崇めるこのシステム端緒は、ここで破壊できます。「立派な息子」だろうと、「ふがいない息子」だろうと、一人のかけがえのない人間として認められ、母と分離した存在として理解されるとき、「津久井やまゆり園」の被害者甲Bさんは、固有名詞で審理に付されるでしょうし、学歴エリートやアスリートの母親だからといって特段に賞賛されることもなくなるでしょう。

新型コロナウィルスが世界を席捲する時代、感染した人やその人が所属する組織全体、医療従事者などをまるで〝穢れ〟ているかのように扱う差別事例が頻発し、幼児的な世界観が大人になっても持続しているかのような振る舞いが噴出しました。守られるべき人の権利はなおざりにされ、ウィルスに罹患したことが悪であるような批難さえ飛び交います。責任を引き受ける「父」はおらず、「偽の父」が責任を押しつけ合ううちに、多くの人が明日の寝食を求めて奔走する事態にいたってしまいました。感染症は歴史的に繰り返し人間を痛い目に遭わせており、日本人だろうと平等に襲ってくるのですが、日本人にとって自然の一部でもある感染症を人間と切り離して認識しえません。つまり、ウィルスとその宿主である人間を一体のものと見立ててしまうから、感染した人をウィルスごとまとめて排除してしまうような態度が出現します。

〝母性的なものとの分離〟がなされていない社会にとって、感染症は「おぞましいもの」であっても徹底的に排除できない自然の摂理として、痛みを抱えつつ共存してしまいます。「偽の父」しかおらず、最終的に頼る先が〝穢れ〟が転じて神聖化された母性である日本の反応は、神や天をいただく家父長制社会と大きく異なりました。日本社会は阪神淡路大震災、東日本大震災など手痛い自然の殴り込みを受け続けてきましたが、日本が一つの大きな母なる自然でその一部が自分でありつづける限り、母なる自然への帰依を捨て去ることはむずかしいのです。

言葉と他者のある社会へ

西洋は積み上げてきた哲学の伝統を脱構築し、ポスト近代の時代を生きています。かつて西洋から遅れたものと見なされがちだった多神教の価値は見直され、尊重されています。ポスト近代の言語論的転回は、二〇〇〇年のときを経たキリスト教の桎梏《しっこく》でもある、個人と主体概念の崩壊という苦難すら伴うものでした。西洋近代の洗礼を経ることのなかった日本社会には、そのような苦難を伴うことなく軽やかにポスト近代を語ることができました。肌身に染み付いた近代性を脱ぎ捨てるという痛みを伴う辛い作業は不要でした。西洋社会は個人の権利を拡張してきた歴史を直ちに踏みにじろうとはしないでしょうが、日本社会はこの価値自体を信じきれないまま、すでに西洋近代を疑い始めているのです。

それでも西洋近代社会では、母親が子どもと寄り添い続けることができない存在でもあると、ごく幼いときから伝達することは止めません。母親が欲望を持つ一人の人間存在であることは決して疑われません。それに対して、「母と子の分離」のない社会では、母と子の欲望は一体とみなされがちで、母親が子の欲望をさえぎる他者として現れることが十分ありません。

もしも欲望を抑制すべきとする自由意思が個人の内面に創出されなければ、本質的に逸脱的な人間の欲望は容易に外部に噴出してしまいます。そのとき、原初的なる太古の空間との一体化が意識層まで到達すれば、罪の意識をもつことなく生殺与奪を握るモンスターと化してしまいます。逆に「欲望の自由」を内部に抱えたまま、暴力的な攻撃性という形を外部に向けることができないとき、攻撃性は自己の内部に向かうこともあるでしょう。人格を崩壊させるにいたらずとも、精神を病んで、精神分析が引き受けざるをえない膨大な領域が出現します。

欲望を抑制すべきとする自由意思がつくられていないのに、欲望を抑圧しなければならないという事態は、日本の息子としてごく普通に育てられた男性にとって新しい出来事であり、個人のありようと社会システムのズレが顕在化してきたことが現代の悩ましさの根源にあります。女性は逆に、他者に合わせ欲望を持たない自己のありかたが常態化してきたことで、自由意志を保持する困難に直面しているのです。

日本の戦後とは、あらゆる制度が変わりながらも、身近な人との関係性の根本が変えられなかった時代でした。政党が入れ替わろうと、経済が発達しようと、母と息子の関係性が変わらなければ日本に生じる変化は表層にとどまるでしょう。人間の関係性を見直そうとすれば、ときに自分の無意識に向き合わざるをえない厳しい経験も伴います。人との関係性をそこに自然にあるものではなく、「言葉」に頼って創るものに置き換えようとする実践は、西洋にとっての脱構築に匹敵する重大な転換をもたらす、個人で始められる変革なのです。

現代の日本には前近代を懐かしむ空気がそこかしこに満ちているように思えます。こんなはずではなかった、あの心地よかった母性に包まれる自然な時代に戻りたいという願望が蜃気楼のように時折姿をあらわしたり消えたりしながら、ときに粗暴な攻撃性をまとってあらゆる場で表出しているのです。

自然を重視する環境思想がその背中を押しています。私自身も自然と共にある風土を再構したいと心から願う日本人の一人です。安心してもらいたいのですが、社会学の知見によれば自然を大切に扱うという思考と近代は両立可能です。でも、近代への扉を開いて踏み出してしまったからには、後戻りではなく、新しい自然との共存のしかたを創り始めなくてはなりません。母性を求める息子たちと母性の神聖化を維持し続けたい女性たちが頑なに守り続けてきた日本というシステムには、もう神聖化された母になりたくない娘たちと、母に縛られずに自由に奮いたたい息子たちによって風穴が開きました。もう、吹き抜ける風穴を塞ぐことなどできないはずです。

あなたが身近な人との関係性を変える一歩を踏み出したとき、日本は大きく動き始めるのです。

【文献】

＊1　ジュリア・クリステヴァ『恐怖の権力――〈アブジェクション〉試論』法政大学出版局、一九八四年
＊2　ジュリア・クリステヴァ『女の時間』勁草書房、一九九一年
＊3　品田知美『〈子育て法〉革命――親の主体性をとりもどす』中公新書、二〇〇四年
＊4　ジュリア・クリステヴァ、前掲書、一九八四年
＊5　太田素子『近世の「家」と家族――子育てをめぐる社会史』角川学芸出版、角川叢書52、二〇一一年

あとがき

この本は、二〇一七年六月から二〇一八年四月まで、ウェブにて連載した「母と息子のニッポン論」一章から八章に加筆修正をした文章に、九章から終章の書き下ろしを加えたものです。私にとってはおよそ一三年ぶり三冊目の単著となりました。私にとってこの本を書くという経験は、何もかもが新しい挑戦となりました。

まず、この企画は担当編集者の足立恵美さんのアイディアをいただいたものです。これまで私は編集者の企画で本を書いたことがありません。正直にいえば「母と息子」で本を書かないか、と声をかけていただいたときにも、「え、ほんとにこのテーマで書くの？」と逡巡しました。自分からこの企画を持ち込むことは永遠になかったと思います。「母と息子」に照準すれば身近な関係性を真摯に見つめ、日本を直視するタフな仕事になると直感的にわかっていたからです。知り合いに執筆中のテーマを話すと、「ダークサイドを書くんだね」という反応もあったのですが、実際その通りになりました。

そして、連載エッセイという形式で書いたこと。私はこれまで、どちらかといえば、ミクロ統計分析や一次資料を積み上げて論証する堅い学術研究を中心に取り組んできた人間です。緻密な論理構成を重視するソサエティに宣誓をして、人生の大半を過ごしてきました。その作法から、かなりはみ出して書こうと決めたことと、同時期に大学の准教授職を辞したことは関係しています。もう少し自由な形式で真実を探索する旅に出たかったのです。雑草育ちの私にとって、象牙の塔への閉じこもりは似合いませんし。

世界は凄まじい勢いで変化し続けています。みなが頭に浮かんだことをＳＮＳや掲示板に書き込む社会が現実のものとなりました。真実とは何かを精緻に議論している間に、次の真実へと世界は移行してしまうのが現代社会です。完璧なデータに基づいて論理構築して提示したところで、分析の前提としているデータはすぐに現実から離れてしまう。そもそも完璧なデータなんてありえないのですが。そこで間違いたくない研究者たちがどうするかというと、変化が少なく間違えにくい領域を選び公の発言を控えます。その間にも世界は人々の言葉でますます満たされていくのです。

大学や学術界に社会が求める知への貢献は、これから大きく変化が迫られるのではないでしょうか。人は誰もが多くのことを知っているし、考えています。このあまりにも未来が不確定の時代に、とりわけ長い人生をどう舵取りすればよいのかみな悩みながら生きています。研究者が正しい未来を見通せているという保証もありません。ではそのとき、研究者はどういう形式で言葉を繰り出せるのでしょう。間違ってはいけないと考えて何も言わないよりは、真剣に考えたところまで語ろうと私は思いました。

この本に限っては、私の息子と娘に感謝を捧げたいと思います。『〈子育て法〉革命』が出版された当時、まだ子どもだった彼らも、いまではすっかり大人になりました。ユニークな子どもたちといまでは対話を楽しんでいます。時代の一歩先を行く知恵と刺激をくれる彼らの存在なくして、私の世界がここまで広がることはなかったでしょう。身近な批判者でもある彼らの勇気ある生き方には、いつも励ましをもらい、私の現実の人生の選択につながっています。

また、執筆時には、文部科学省科研費補助金基盤研究(C)課題番号15K03819（研究代表者品田知美）を受けており、本書にはその成果が入っています。城西国際大学の職を辞した後、早稲田大学で補助金の継続的な受領と研究を継続させていただくにあたり、嶋崎尚子さんには大変お世話になりました。心から感謝いたします。

嶋崎さんはじめ尊敬する研究者の方々の懐の深さと、学術研究へ真摯なまなざしを知っているからこそ、私はいまでも社会学徒の一人として過ごしているのでしょう。

それにしても書けば書くほどに、人にわかりやすく伝える力の不足を痛感しました。魂のこもった編集者である足立さんには、文章中で絡んでいる糸を、いつもやんわりとほぐしてもらいました。新しい気づきを何度もらったことか。とはいえ本文の内容は最終的にすべて私が責任を負うべきものであります。長らく伴走してくださり、ありがとうございました。

出版の時期が新型コロナウィルス禍と重なりました。感染症に見舞われたあと、いつも人類の歴史は大きく動いています。先送りされ見えなかった事象があからさまとなり、日本社会の変化も加速をするでしょう。この本に書かれたことが過去の遺物に見えてしまう未来は、もうそこに来ているかもしれません。海辺の自宅で、緊急事態宣言のさなかに執筆のため閉じこもるのは苦痛ではありませんでした。でも、宣言が解除されてサーファーでにぎわう海を見るほうが私はずっと好きです。

この海からもう二度と人が排除されずにすむよう、心から願っています。

二〇二〇年　六月八日

品田知美

品田知美

しなだ・ともみ

社会学者、早稲田大学総合人文科学研究センター招聘研究員。

1964年三重県生まれ、愛知県育ち、2001年東京工業大学大学院社会理工学研究科博士課程修了。博士（学術）。城西国際大学福祉総合学部准教授などを経て、現職。専門は社会学。

著書に『〈子育て法〉革命——親の主体をとりもどす』（中公新書）、『平成の家族と食』（晶文社）などがある。

「母と息子」の日本論

著　者　品田知美

2020年8月13日　第1版第1刷発行

装　丁　鈴木千佳子

発行所　株式会社亜紀書房
〒101-0051　東京都千代田区神田神保町1-32
TEL　03-5280-0261（代表）　03-5280-0269（編集）
http://www.akishobo.com/
振替　00100-9-144037

印刷・製本　株式会社トライ　http://www.try-sky.com/

ISBN978-4-7505-1649-3　C0036